U1018153

高等学校基于工作过程开发经管类系列教材

# 财务管理实务习题与实训

主　编　刘克涛　邢　媛
副主编　邓晓燕　娄会娟　黄乔枝

WUHAN UNIVERSITY PRESS
武汉大学出版社

**图书在版编目(CIP)数据**

财务管理实务习题与实训/刘克涛,邢媛主编;邓晓燕,娄会娟,黄乔枝副主编.—武汉:武汉大学出版社,2013.4(2016.2重印)
高等学校基于工作过程开发经管类系列教材
ISBN 978-7-307-10694-9

Ⅰ.财… Ⅱ.①刘… ②邢… ③邓… ④娄… ⑤黄… Ⅲ.财务管理—高等学校—习题集 Ⅳ.F275-44

中国版本图书馆 CIP 数据核字(2013)第 077342 号

责任编辑:林 莉　　责任校对:刘 欣　　版式设计:马 佳

出版发行:**武汉大学出版社**　(430072 武昌 珞珈山)
(电子邮件:cbs22@whu.edu.cn 网址:www.wdp.com.cn)
印刷:湖北金海印务有限公司
开本:787×1092　1/16　印张:7　字数:157 千字　插页:1
版次:2013 年 4 月第 1 版　2016 年 2 月第 3 次印刷
ISBN 978-7-307-10694-9　定价:19.00 元

版权所有,不得翻印;凡购买我社的图书,如有质量问题,请与当地图书销售部门联系调换。

# 前 言

现代高等职业教育突出以就业为目标，强调学生动手能力的培养和职业素养的提升，定位于培养技术技能型人才。每个高等职业教育工作者都将能力本位作为高职专业人才培养的重要目标，财经类专业又特别强调专业核心技能的培养和职业道德素养的养成，无论是国家还是用人单位都希望财经类专业学生能够熟练掌握会计基本知识和基本核算方法，并能在此基础上进行财务分析和管理，也就是学会理财。

为适应社会用人的需求，培养学生和广大读者良好的财务管理观念和能力，让读者更好地学习财务管理知识，在《财务管理实务》教材的基础上，配套了该习题训练册，以求读者朋友们通过反复训练，能够更加牢固地掌握财务管理实务基础知识和基本方法。

本书对应了《财务管理实务》教材的十大学习情境，每个学习情境都设计了相关习题，分别为单选题、多选题、判断题、计算分析题，力求在读者学习过程中能够对学习内容得到巩固和提高。每个学习情境中的习题都进行了精心设计，这些习题的选取既是长期奉献在教学一线的专业实践指导教师的辛勤积淀，同时更是自于企业的实践专家的多年实战成果结晶。

通过对《国家中长期教育改革和发展规划纲要》和《国家高等职业教育发展规划》等高职教育改革的最新理论成果的深入学习和理解，为更好地服务教与学，遵循“学中做、做中学”，以实现“教学做一体化”的思想，读者一定要边学边练，边学边做，才能实现知识的掌握和能力的提升。

本书由刘克涛、邢媛老师主编。刘克涛老师负责统稿，白崭老师编写了习题训练一，娄会娟老师编写了习题训练二和习题训练九，邢媛老师编写了习题训练三，余志斌老师编写了习题训练四，邓晓燕老师编写了习题训练五和习题训练八，秦钰老师编写了习题训练六，刘娟老师编写了习题训练七，黄乔枝老师编写了习题训练十。

本书在撰写过程中参阅了大量的书籍和读物及网络资源，访问了一些专家和学者，在此表示最诚挚的感谢。武汉大学罗昌宏教授为本书的顺利完成做了大量指导工作，湖北省会计学会常务理事彭浪教授为本书提供了业务指导，武汉大学出版社林莉女士为本书的顺利完稿付出了辛勤劳动，在此一并表示特别谢意。书中所引资料均在主要参考文献中注明。在此，向所有参考文献的作者、编辑出版者表示衷心感谢。

由于编者水平有限，加之时间仓促，且涉及内容较多，书中难免有错误或不当之处，敬请读者来电、来函批评指正。

编　者

2013 年 3 月

# 目　录

# 学习情境一　财务管理的概念和内容

## 练习 1-1：单选题

1. 企业资金运动的起点是(　)。

A. 筹集资金　B. 管理资金　C. 运营资金　D. 分配资金

2. 资金投资活动中，企业将资金投放于长期资产，通常称为(　　)。

A. 资金营运活动　B. 投资活动　C. 资金管理活动　D. 资金分配过程

3. 企业处置固定资产、转让债券等活动，会引起企业资金的(　　)。

A. 流出　B. 流入　C. 既不流入也不流出　D. 不变

4. 企业的财务关系中，体现所有权性质，反映经营权与所有权的关系，指的是(　)。

A. 企业与债权人之间的财务关系　B. 企业与被投资者之间的财务关系

C. 企业与出资者之间的财务关系　D. 企业与职工之间的财务关系

5. 企业财务管理是以(　)形式为主的专业化管理。

A. 实物　B. 人员　C. 制度　D. 价值

6. 企业经营管理目标为(　　)。

A. 企业信誉的最优化　B. 社会效益最大化

C. 经济效益最大化　D. 员工福利最大化

7. 主要用于上市公司，反映了所得利润与投入资本之间的投入产出关系，指的是(　　)。

A. 每股收益最大化　B. 股东财富最大化

C. 利润最大化　D. 企业价值最大化

8. 企业在组织和使用资金的过程中，应当使各种资金保持合理的结构和比例关系，保证企业生产经营活动的正常进行，使资金得到充分有效运用。指的是(　　)。

A. 收支平衡原则　B. 资金合理配置原则

C. 收益风险均衡原则　D. 利益关系协调原则

9. 已经发生、不会被以后的决策改变的成本是指(　　)。

A. 机会成本　B. 会计成本　C. 沉没成本　D. 财务成本

10. (　　)即为各项财务活动确立目标和任务，又为财务分析和业绩评价提供尺度。

A. 财务分析　B. 财务控制　C. 财务决策　D. 财务计划

11. 企业财务管理的核心是(　　)。

A. 适时、适量和低成本地筹集并有效运用各项资金，以确保企业一定时期经营目标的实现

B. 保持企业负债筹资与权益筹资，长期资本与短期资本的比例合理

C. 建立和选择良好的筹资渠道，确保企业所需资金的及时到位

D. 综合考虑多元化筹资渠道和筹资方式的有效组合，尽可能降低筹资风险

12. 以收益为目的的有价证券和以控制为目的的并购投资属于企业的(　　)。

A. 对外投资　B. 内部投资　C. 长期投资　D. 短期投资

13. 从企业发展的整体和长远来看，市场竞争的实质是企业间(　　)的竞争。

A. 成本　B. 管理　C. 效率　D. 人才

14. (　　)将企业的经营收益，根据企业的分配政策，来确定多少收益应该分配给股东、经营者和其他相关利益者，多少收益应作为企业的留存收益，以利于企业未来更好的发展。

A. 合理分配企业收益　B. 充分利用企业资金

C. 合理配置资金　D. 合理投放资金

15. 企业将其资金以购买债券、提供借款或商业信用等形式借给其他单位所形成的经济利益关系指的是(　　)。

A. 企业与债务人的财务关系　B. 企业与被投资者之间的财务关系

C. 企业与债权人之间的财务关系　D. 企业与职工之间的财务关系

16. (　　)决定着财务管理的基本方向。

A. 财务管理职能　B. 财务管理目标

C. 财务管理的特性　D. 财务管理的原则

17. (　　)是指企业一定时期的净利额与其权益资本总额的比值。

A. 负债比率　B. 流动比率

C. 权益资本净利率　D. 速动比率

18. (　　)是指其能在市场实现的价值，即公司资产未来预期现金流的现值，而并非企业的账面价值总额。

A. 股东财富最大化　B. 企业价值

C. 权益资本净利率　D. 以上都对

19. 在经营者背离股东的目标时，可以通过所有者约束经营者的办法的是(　　)。

A. 降薪　B. 降职　C. 接收　D. 解聘

20. 企业财务管理的基本要求(　　)。

A. 量入为出、收支平衡　B. 可计量、可测控

C. 积极筹集、妥善管理　D. 可统计、可控制

# 练习 1-2：多选题

1. 从整体上讲，企业的财务活动包括(　　)。

A. 筹资活动　　B. 投资活动　　C. 日常资金营运活动　D. 利润分配活动

2. 通常情况下，企业取得资金两种渠道有(　　)。

A. 企业自有资金　　B. 政府拨付的资金

C. 企业债务资金　　D. 其他方式获得资金

3. 企业对资金的运用包含两方面的内容(　　)。

A. 将资金投资于长期资产　　B. 将资金用于本单位福利

C. 将资金用于对外的捐赠　　D. 将资金投资于短期资产

4. 下列属于企业日常经营活动事项的有(　　)。

A. 购买原材料进行加工　　B. 支付劳务报酬

C. 购买国库券　　D. 支付股利

5. 企业的利润进行分配时，包括的环节有(　　)。

A. 依法纳税　　B. 弥补亏损

C. 提取盈余公积金、公益金　　D. 投资者分配利润

6. 财务管理职能的内容有(　　)。

A. 有效制定和实施企业筹资决策方案　B. 合理投放和配置资金

C. 控制经营成本，充分利用企业资金　D. 合理分配企业收益

7. 企业财务管理目标的特征有(　　)。

A. 稳定性　　B. 多元性　　C. 适应性　　D. 层次性

8. 对企业财务管理目标的描述，你认为合理的有哪些(　　)。

A. 利润最大化　　B. 每股收益最大化

C. 股东财富最大化　　D. 企业价值最大化

9. 为了协调经营者和所有者的主要矛盾，通常可以采用的方式有(　　)。

A. 监督　　B. 竞争　　C. 轮岗　　D. 激励

10. 为协调所有者与债权人的矛盾，通常可采用的方式有(　　)。

A. 限制性借债　B. 转移借款　　C. 收回借款　　D. 停止借款

11. 企业财务管理是“分级分权管理”还是“集中管理”，取决于(　　)。

A. 企业所处的环境　　B. 企业的规模

C. 内部机构设置　　D. 管理模式

12. 企业是由各种利益集团组成的经济联合体。这些经济利益集团主要包括(　　)。

A. 企业的所有者和经营者　　B. 债权人和债务人

C. 国家税务机关　　D. 消费者

13. 财务预测工作程序为(　　)。

A. 明确预测对象和目的　　　　　　　B. 搜集和整理资料
C. 确定预测方法，利用预测模型进行测算
D. 确定最优值，提出最佳预测方案

14. 财务预测的方法归纳起来可分(　　)。
A. 实证研究法　B. 定性分析法　C. 静态分析法　D. 定量分析法

15. 财务控制的工作程序是(　　)。
A. 制订和执行标准　　　　　　B. 确定和消除差异
C. 考核奖惩　　　　　　　　　D. 审计控制

16. 财务分析的工作步骤为(　　)。
A. 收集资料，掌握信息　　　　B. 指标对比，查找问题
C. 分析原因，明确责任　　　　D. 提出措施，改进工作

17. 财务检查的工作程序为(　　)。
A. 审阅凭证账表，清查财产物资，揭露问题
B. 分清性质，明确责任
C. 进行风险和成本控制　　　　D. 查明原因，整顿工作

18. 根据工作内容划分，财务检查方法可分为(　　)。
A. 账务检查　B. 部门检查　C. 实物检查　D. 现场检查

19. 财务计划的内容主要包括(　　)。
A. 现金流量计划　　　　　　B. 资本支出计划
C. 利润计划　　　　　　　　D. 资产负债计划

20. 企业财务管理的基本职能主要有(　　)。
A. 有效制定和实施企业筹资决策方案　B. 合理投放和配置资金
C. 控制经营成本，充分利用企业资金　D. 合理分配企业收益

## 练习 1-3：判断题

1. 企业的利润大意味着企业的现金状况就好。(　　)

2. 利润最大化不能作为企业财务管理目标的最优选择。(　　)

3. 企业价值最大化就是把企业长期稳定发展放在首位，着重强调必须正确处理各种利益关系，最大限度地兼顾企业各利益主体的利益。(　　)

4. 利润代表了企业新创造的财富，利润越多则说明企业的财富增加得越多，越接近企业的目标。(　　)

5. 股东财富最大化它既强调了股东的利益，又重视了企业其他关系人的利益。(　　)

6. 企业价值最大化不能作为非上市公司的财务管理目标。(　　)

7. 所有者、债权人和经营者之间构成了企业最重要的财务关系，三者的目标是完全一致的。(　　)

8. 经营者的报酬构成企业的成本费用。(　　)

9. 道德风险是指经营者为了自己的利益，不惜以损害所有者的利益为代价。(　　)

10. 所有者和经营者之间的信息是不对称的，所有者拥有信息优势，经营者处于信息劣势。(　　)

11. 所有者未经债权人同意，可以要求经营者投资于比债权人约定的风险高的项目。(　　)

12. 债权人把资金交给企业，其目标是到时收回本金，并获得约定的利息收入。(　　)

13. 财务管理中，贯彻的是收付实现制，而非权责发生制。(　　)

14. 财务计划是财务控制和财务分析的基础。(　　)

15. 股东财富最大化在一定程度上能够克服企业在追求利润上的短期行为。(　　)

16. 在规模较大的现代化企业中，对财务活动必须实行集中管理。(　　)

17. 企业在确定资本结构时，应在资本成本与财务风险之间进行权衡。(　　)

18. 依法理财原则是指企业在理财过程中，必须遵守各项经济和财务法律、制度，把理财活动纳入法制轨道。(　　)

19. 财务计划是指财务人员按照财务管理目标的总体要求，利用专门方法对各种备选方案进行比较分析，并从中选出最佳方案的过程。(　　)

20. 财务控制是落实计划任务、保证计划时间的有效措施、实现现代企业财务管理目标的基本手段。(　　)

# 学习情境二　财务管理基础观念

## 练习 2-1：单选题

1. 在复利条件下，已知现值、年金和贴现率，求计算期数，应先计算(　　)。

A. 年金终值系数　B. 年金现值系数　C. 复利终值系数　D. 复利现值系数

2. 下列各项年金中，只有现值没有终值的年金是(　　)。

A. 普通年金　B. 即付年金　C. 永续年金　D. 先付年金

3. 从第一期起、在一定时期内每期期初等额收付的系列款项是(　　)。

A. 先付年金　B. 后付年金　C. 递延年金　D. 普通年金

4. 普通年金现值系数的倒数称为(　　)。

A. 复利现值系数　B. 普通年金终值系数

C. 偿债基金系数　D. 资本回收系数

5. 某人年初存入银行 1000 元，假设银行按每年 10% 的复利计息，每年末取出 200 元，则最后一次能够足额(200 元)提款的时间是(　　)。

A. 5 年　B. 8 年末　C. 7 年　D. 9 年末

6. 甲方案在三年中每年年初付款 500 元，乙方案在三年中每年年末付款 500 元，若利率为 10%，则两个方案第三年年末时的终值相差(　　)。

A. 105 元　B. 165.50 元　C. 665.50 元　D. 505 元

7. 以 10% 的利率借得 50000 元，投资于寿命期为 5 年的项目，为使该投资项目成为有利的项目，每年至少应收回的现金数额为(　　)元。

A. 10000　B. 12000　C. 13189　D. 8190

8. 投资者由于冒风险进行投资而获得的超过资金价值的额外收益，称为投资的(　　)。

A. 时间价值率　B. 期望报酬率　C. 风险报酬率　D. 必要报酬率

9. 一项 500 万元的借款，借款期 5 年，年利率为 8%，若每半年复利一次，年实际利率会高出名义利率(　　)。

A. 0.16%　B. 0.24%　C. 4%　D. 0.8%

10. 企业某新产品开发成功的概率为 80%，成功后的投资报酬率为 40%，开发失败的概率为 20%，失败后的投资报酬率为-100%，则该产品开发方案的预期投资报酬率为(　　)。

A. 18%　　B. 12%　　C. 20%　　D. 40%

11. 表示资金时间价值的利息率是(　　)。

A. 银行同期贷款利率　　B. 银行同期存款利率

C. 加权资本成本率

D. 没有风险和没有通货膨胀条件下社会资金平均利润率

12. 当银行利率为10%时，一项6年后付款800元的购货，若按单利计息，相当于第一年初一次现金支付的购价为(　　)元。

A. 451.6　　B. 500　　C. 800　　D. 480

13. 有甲、乙两台设备可供选用，甲设备的年使用费比乙设备低2000元，但价格高于乙设备8000元。若资本成本(利率)为10%，甲设备的使用期应长于(　　)年，选用甲设备才是有利的。

A. 4　　B. 5　　C. 4.6　　D. 5.4

14. 某企业拟建立一项基金，每年初投入100000元，若利率为10%，五年后该项资本本利和将为(　　)元。

A. 671600　　B. 564100　　C. 871600　　D. 610500

15. 假如企业按12%的年利率取得贷款200000元，要求在5年内每年年末等额偿还，每年的偿付额应为(　　)元。

A. 40000　　B. 52000　　C. 55482　　D. 64000

16. 若使复利终值经过4年后变为本金的2倍，每半年计息一次，则年利率应为(　　)。

A. 18.10%　　B. 18.92%　　C. 37.84%　　D. 9.05%

17. 大华公司于2000年初向银行存入5万元资金，年利率为8%，每半年复利一次，则第10年末大华公司可得到本利和为(　　)万元。

A. 10　　B. 8.96　　C. 9　　D. 10.96

18. x方案的标准离差是1.5，y方案的标准离差是1.4，如x、y两方案的期望值相同，则两方案的风险关系为(　　)。

A. x>y　　B. x<y　　C. 无法确定　　D. x=y正确

19. 某校准备设立永久性奖学金，每年计划颁发36000元奖金，若年复利率为12%，该校现在应向银行存入(　　)元本金。

A. 450000　　B. 300000　　C. 350000　　D. 360000

20. 王某退休时有现金5万元，拟选择一项回报比较稳定的投资，希望每个季度能获得收入1000元补贴生活。那么，该项投资的实际报酬率应为(　　)。

A. 8.24%　　B. 4%　　C. 2%　　D. 10.04%

# 练习 2-2：多选题

1. 下列各项中，可以用来衡量投资决策中项目风险的有(　　)。
   A. 报酬率的期望值　B. 各种可能的报酬率的离散程度
   C. 预期报酬率的方差　D. 预期报酬率的标准离差
   E. 预期报酬率的标准离差率
2. 下列各项中，属于必要投资报酬的构成内容的有(　　)。
   A. 无风险报酬　B. 通货膨胀补贴　C. 资本成本　D. 风险报酬
3. 下列属于财务管理的特征的有(　　)。
   A. 财务管理与企业各方面联系较少
   B. 财务管理的基本特征是价值管理
   C. 财务管理与企业各方面具有广泛的联系
   D. 财务管理是一项综合性管理
4. 下列属于导致企业经营风险的因素包括(　　)。
   A. 市场销售带来的风险
   B. 生产成本因素产生的风险
   C. 原材料供应地的政治经济情况变动带来的风险
   D. 生产组织不合理带来的风险
5. 对于资金时间价值概念的理解，下列表述正确的有(　　)。
   A. 货币只有经过投资和再投资才会增值，不投入生产经营过程的货币不会增值
   B. 一般情况下，资金的时间价值应按复利方式来计算
   C. 资金时间价值不是时间的产物，而是劳动的产物
   D. 不同时期的收支不宜直接进行比较，只有把它们换算到相同的时间基础上，才能进行大小的比较和比率的计算
6. 计算普通年金现值所必需的资料有(　　)。
   A. 年金　B. 终值　C. 期数　D. 利率
7. 下列说法不正确的有(　　)。
   A. 风险越大投资人获得的投资收益就越高
   B. 风险越大，意味着损失越大
   C. 风险是客观存在的，投资人是无法选择是否承受风险
   D. 由于通货膨胀会导致市场利息率变动，企业筹资成本就会加大，所以由于通货膨胀而给企业带来的风险是财务风险即筹资风险
8. 风险与报酬的关系可表述为(　　)。
   A. 风险越大，期望报酬越大
   B. 风险越大，期望投资报酬越小
   C. 风险越大要求的收益越高

D．风险越大，获得的投资收益越小

9. 下列可视为永续年金例子的有(　　)。

A．零存整取　　　　　　　　　　B．存本取息

C．利率较高、持续期限较长的等额定期的系列收支

D．整存整取

10. 下列关于年金的表述中，正确的有(　　)。

A．年金既有终值又有现值

B．递延年金是第一次收付款项发生的时间在第二期或第二期以后的年金

C．永续年金是特殊形式的普通年金

D．永续年金是特殊形式的即付年金

11. 若甲的期望值高于乙的期望值，且甲的标准离差小于乙的标准离差，下列表述不正确的有(　　)。

A．甲的风险小，应选择甲方案

B．乙的风险小，应选择乙方案

C．甲的风险与乙的风险相同

D．难以确定，因期望值不同，需进一步计算标准离差率

12. 下列表述正确的有(　　)。

A．当利率大于零，计息期一定的情况下，年金现值系数一定都大于 1

B．当利率大于零，计息期一定的情况下，年金终值系数一定都大于 1

C．当利率大于零，计息期一定的情况下，复利终值系数一定都大于 1

D．当利率大于零，计息期一定的情况下，复利现值系数一定都小于 1

13. 某公司向银行借入 12000 元，借款期限为 3 年，每年的还本付息额为 4600 元，则借款利率为(　　)。

A．小于 6%　　　B．大于 8%　　　C．大于 7%　　　D．小于 8%

14. 无风险投资项目的投资报酬具有的特征有(　　)。

A．预计收益仍然具有不确定性　　　B．预计收益具有确定性

C．预计收益与投资时间长短相关　　D．预计收益按市场平均收益率来确定

15. 资金时间价值可以用(　　)来表示。

A．纯利率　　　　　　　　　　　B．社会平均资金利润率

C．通货膨胀率极低情况下的国债利率

D．不考虑通货膨胀下的无风险报酬率

16. 下列说法中，正确的有(　　)。

A．复利终值系数和复利现值系数互为倒数

B．普通年金终值系数和普通年金现值系数互为倒数

C．普通年金终值系数和偿债基金系数互为倒数

D．普通年金现值系数和资本回收系数互为倒数

17. 下列选项中，可以视为年金的形式的有(　　)。

A．直线法计提的折旧　B．租金　　　C．利滚利　　　D．保险费

18. 按风险形成的原因，企业特有风险可划分为(　　)。

A. 经营风险　　B. 市场风险　　C. 可分散风险　　D. 财务风险

19. 下列选项中，既有现值又有终值的是(　　)。

A. 复利　　B. 普通年金　　C. 先付年金　　D. 永续年金

20. 一般而言，影响市场利率的因素有(　　)。

A. 时间价值　　B. 风险价值　　C. 通货膨胀　　D. 流动性

## 练习 2-3：判断题

1. 所有的货币都具有时间价值。(　　)

2. 当年利率为 12% 时，每月复利一次，12% 为名义利率，即 1% 为实际利率。(　　)

3. 永续年金即有终值又有现值。(　　)

4. 从财务角度讲，风险主要是指达到预期报酬的可能性。(　　)

5. 在终值和计息期一定的情况下，贴现率越低，则复利现值越小。(　　)

6. 6 年分期付款购物，每年年初付款 500 元，设银行存款利率为 10%，该项分期付款相当于现在一次现金支付的购价是 2395.42 元。(　　)

7. 两个方案比较时，标准离差越大，说明风险越大。(　　)

8. 当利率大于零，计息期一定的情况下，年金现值系数一定大于 1。(　　)

9. 在利率和计息期相同的条件下，复利现值系数与复利终值系数互为倒数。(　　)

10. 风险与收益是对等的，风险越大收益的机会越多，期望的收益率就越高。(　　)

11. 一项借款的利率为 10%，期限为 7 年，其资本回收系数则为 0.21。(　　)

12. 无论各投资项目报酬率的期望值是否相同，都可以采用标准离差比较其风险程度。(　　)

13. 从量的规定性看，资金时间价值是无风险无通货膨胀条件下的均衡点利率。(　　)

14. 年金是指每隔一年、金额相等的一系列现金流入或流出量。(　　)

15. 在利息不断资本化的条件下，资金时间价值的计算基础应采用复利。(　　)

16. 即付年金和普通年金的区别在于计息时间与付款方式的不同。(　　)

17. 在现值和利率一定的情况下，计息期数越少，则复利终值越大。(　　)

18. 在实务中，当说到风险时，可能指的是确切意义上的风险，但更可能指的是不确定性，二者不作区分。(　　)

19. 风险报酬率是指投资者因冒风险进行投资而获得的额外报酬率。(　　)

20. 财务风险是由通货膨胀而引起的风险。(　　)

# 练习 2-4：业务题

## 业务题 1

【资料】张先生计划出售一幢别墅。王先生出价 1150 万元，以现金方式一次付清。黄先生出价 1500 万元，但无法一次付清，打算三年后再以现金方式一次付清。若目前市场利率为 10%。

【要求】请问张先生应将别墅出售给谁？

## 业务题 2

【资料】甲银行可提供 2 年期定期存款服务，名义年利率为 4%，该存款每季计息一次；乙银行同样可提供 2 年期定期存款服务，名义年利率为 3.9%，该存款每月计息一次。王先生手上有现金 100 万元。

【要求】请问他应选择哪一家银行储蓄？

## 业务题 3

【资料】王先生打算为其刚出生的儿子储蓄大学教育经费，假设王先生的儿子将在 16 岁上大学。目前大学学杂费一年需要 10 万元，且每年以 5% 的速度增加。现在王先生打算从明年开始，连续 16 年，每年存一笔固定金额的钱，若年利率为 8%。

【要求】试问王先生每年应存多少钱？

## 业务题 4

【资料】金先生通过向银行按揭贷款方式购入自有住房，与银行约定，贷款金额为 40 万元，贷款期限为 20 年，采用等额偿还法偿还贷款，该款项由银行每月月末从金先生指定的银行账户上扣款，银行贷款利率为 6%。

【要求】问金先生每月偿付的款项为多少？

## 业务题 5

【资料】时新公司现有三种投资方案可供选择，三个方案的年报酬率及其概率的资料如表 2-1 所示。假设甲方案的风险报酬系数为 8%，乙方案的风险报酬系数为 9%，丙方案的风险报酬系数为 10%。

表 2-1　　时新公司投资方案

| 市场状况 | 发生概率 | 投资报酬率 | | |
|---|---|---|---|---|
| | | 甲方案 | 乙方案 | 丙方案 |
| 繁荣 | 0.3 | 40% | 50% | 60% |
| 一般 | 0.5 | 20% | 20% | 20% |
| 衰退 | 0.2 | 0 | 15% | -30% |

【要求】时新公司作为稳健的投资者欲选择期望报酬率较高且风险报酬率较低的方案，试通过计算作出选择。

## 业务题 6

【资料】某公司拟购置一处房产，房主提出两种付款方案：

(1)从现在起，每年年初支付 20 万元，连续支付 10 次，共 200 万元。

(2)从第 5 年开始，每年年初支付 25 万元，连续支付 10 次，共 250 万元。假设该公司的资金成本率(即最低报酬率)为 10%。

【要求】你认为该公司应选择哪个方案?

# 学习情境三　筹 资 管 理

## 练习 3-1：单选题

1. 下列各项中，属于商业信用筹资方式的是(　　)。
   A. 发现短期融资券　B. 融资租赁　C. 应付账款筹资　D. 短期借款
2. 企业下列吸收直接投资的筹资方式中，潜在风险最大的是(　　)。
   A. 吸收现金　B. 吸收实物资产
   C. 吸收土地使用权　D. 吸收专有技术
3. 下列各项中，不能作为无形资产出资的是(　　)。
   A. 商标权　B. 专利权　C. 特许经营权　D. 非专利技术
4. 一般而言，与融资租赁筹资相比，发行债券的优点是(　　)。
   A. 融资速度较快　B. 资本成本较低
   C. 限制条件较少　D. 财务风险较少
5. 在不考虑筹资款限制的前提下，下列筹资方式中个别资本成本最高的通常是(　　)。
   A. 发行公司债券　B. 发行普通股　C. 留存收益筹资　D. 长期借款筹资
6. 按照我国《公司法》规定，在企业成立时(　　)。
   A. 实收资本与注册资本数额一致，否则企业不能成立
   B. 企业成立时的实收资本与注册资本不一致
   C. 成立时不一定一次筹足资本金总额，但规定了首期出资的数额或比例及最后一次清缴资本的期限
   D. 成立时一次应筹足资本金总额的50%以上
7. 相对于债务筹资方式而言，采用吸收直接投资方式筹资的优点是(　　)。
   A. 有利于降低资本成本　B. 有利于降低财务风险
   C. 有利于发挥财务杠杆作用　D. 有利于集中企业控制权
8. 出租人既出租某项资产，又以该项资产为担保借入资金的租赁方式是(　　)。
   A. 直接租赁　B. 经营租赁　C. 售后租回　D. 杠杆租赁

9. 相对于借款购置设备而言，融资租赁设备的主要缺点是(　　)。

A. 获得资产的速度较慢　　B. 到期还本负担重

C. 资本成本较高　　D. 设备淘汰风险大

10. 下列关于认股权证表述错误的是(　　)。

A. 认股权证是一种融资促进工具

B. 认股权证有助于改善上市公司的治理结构

C. 作为激励机制的认股权证有利于推进上市公司的股权激励机制

D. 认股权证是一种拥有股权的证券

11. 采用销售百分比法预测资金需求量时，下列项目中通常被视为不随销售收入的变动而变动的是(　　)。

A. 现金　　B. 公司债券　　C. 存货　　D. 应付账款

12. 在财务管理中，将资金划分为变动资金、不变动资金和半变动资金，并据以预测企业未来资金需求量的方法称为(　　)。

A. 资金习性预测法　　B. 成本习性预测法

C. 因素分析法　　D. 销售百分比法

13. 用资金习性预测资金需求量的理论依据是(　　)。

A. 资金需求量与投资间的对应关系

B. 资金需求量与筹资方式间的对应关系

C. 资金需求量与业务量间的对应关系

D. 长短期资金间的比例关系

14. 影响债券发行价格的因素不包括(　　)。

A. 债券面值　　B. 票面利率　　C. 债券期限　　D. 到期收益率

15. 其他金融机构贷款其提供贷款机构不应包括(　　)。

A. 中国农业银行　B. 信托投资公司　　C. 财务公司　　D. 保险公司

16. 不属于银行借款优点的有(　　)。

A. 借款弹性较大　B. 资金成本低

C. 筹资速度慢　　D. 筹资程序较为简单

17. 债券按债券有无抵押担保不应包括(　　)。

A. 信用债券　　B. 抵押债券　　C. 担保债券　　D. 转换债券

18. 不属于债券筹资的优点的有(　　)。

A. 资本成本较低　　B. 筹资风险低

C. 能够保证股东控制权　　D. 可以发挥财务杠杆作用

19. 融资租赁的形式有(　　)。

A. 直接租赁　　B. 售后租回　　C. 间接租赁　　D. 杠杆租赁

20. 不属于商业信用融资的优点的有(　　)。

A. 筹资便利　　B. 筹资成本高　　C. 限制条件少　　D. 筹资时间短

# 练习 3-2：多选题

1. 留存收益是企业内源性股权筹资的主要方式，下列各项中，属于该种筹资方式特点的有(　　)。

A. 筹资数额有限　　B. 不存在资本成本

C. 改变控制权结构　　D. 不发生筹资费用

2. 相对于股权融资而言，长期银行借款筹资的优点有(　　)。

A. 筹资风险小　B. 筹资速度快　C. 资本成本低　D. 筹资数额大

3. 下列筹资方式中，需要考虑筹资费用的有(　　)。

A. 留存收益　B. 普通股　C. 债券　D. 长期借款

4. 与吸收直接投资相比，股票筹资的优点包括(　　)。

A. 资本成本较低　　B. 有利于产权交易

C. 容易进行信息沟通　　D. 能够尽快形成生产能力

5. 与股权筹资方式相比，利用债务筹资的优点包括(　　)。

A. 筹资速度快　　B. 稳定公司的控制权

C. 筹资弹性大　　D. 资本成本低

6. 融资租赁租金中的租赁手续费内容包括(　　)。

A. 购置成本　B. 营业费用　C. 一定的盈利　D. 利息

7. 下列属于可转换债券区别于普通债券而言的特点有(　　)。

A. 股价大幅度上扬时，可增加筹资数量

B. 利率低于普通股债券，可节约利息支出

C. 可增强筹资灵活性

D. 若股价低迷，面临到期兑付债券本金的压力

8. 下列项目占有的资金属于不变资金的有(　　)。

A. 原材料的保险储备　　B. 厂房、设备

C. 必要的成品储备　　D. 必要成品储备以外的产成品

9. 我国目前可供选择的企业筹资渠道包括(　　)。

A. 职工资金和民间资金　　B. 非银行金融机构资金

C. 外商资金　　D. 国家财政资金

10. 我国企业筹资方式主要包括(　　)。

A. 企业内部积累　B. 银行借款　C. 吸收直接投资　D. 发行股票

11. 吸收国家投资一般具有以下(　　)特点。

A. 资金的运用和处置受国家约束较大　　B. 我国所有企业都可以采用此方法

C. 出资方式灵活多样　　D. 产权归属国家

12. 普通股按发行对象和上市地区的不同有(　　)。

A. A 股　B. B 股　C. H 股　D. N 股

13. 根据我国《公司法》规定，股票的发行价格包括(　　)。

A. 折价　B. 溢价　C. 等价　D. 低于票面金额

14. 我国《公司法》的规定，普通股股东主要有(　　)权利。

A. 出席或委托代理人出席股东大会，并依公司章程规定行使表决权

B. 分配公司剩余财产权

C. 股份转让权　D. 股利分配权

15. 通过股票筹集资金的方式主要有(　　)。

A. 认股权证发行　B. 首次公开招股　C. 派送红股　D. 股东配股

16. 普通股筹资的缺点有(　　)。

A. 资金成本较高　B. 无筹资风险

C. 容易分散控制权　D. 可能导致股价下跌

17 联营筹资的出资形式有(　　)。

A. 现金　B. 机器设备　C. 原材料　D. 土地使用权

18. 企业内部积累筹资的方式有(　　)。

A. 企业留利　B. 企业闲置资产的变卖

C. 折旧基金　D. 职工集资

19. 股票发行方式有(　　)。

A. 自销　B. 公开间接发行

C. 承销　D. 不公开直接发行

20. 优先股筹资的优点有(　　)。

A. 没有固定到期日，不用偿还本金

B. 股利支付既固定，又有一定的弹性

C. 有利于增强公司信誉

D. 优先股的发行，不会改变普通股股东对公司的控制权

## 练习 3-3：判断题

1. 如果销售具有较强的周期性，则企业在筹集资金时，不适宜过多采用负债筹资。(　　)

2. 在财务管理中，以有关项目基期年度的平均资金需要量为基础，根据预测年度的生产经营任务和资金周转加速的要求，进行分析调整，来预测资金需要量的一种方法。(　　)

3. 筹资方式是指客观存在的筹措资金的来源方向与通道。(　　)

4. 企业通过吸收直接投资、发行股票、联营筹资、企业内部积累等方式筹集的资金都属于企业的自有资金。(　　)

5. 企业采用吸收权益资金的方式筹集资金，财务风险大，但付出的资金成本相对较低。(　　)

6. A股是供我国大陆地区个人或法人买卖的，以人民币标明票面金额并以人民币认购和交易的股票，在上海、深圳上市。(　　)

7. 新设立的股份有限公司申请公开发行股票，在募集方式下，发起人认购的股份不少于公司拟发行股份总数的25%。(　　)

8. 银行借款按借款期限的长短分为短期借款、中期借款和长期借款。(　　)

9. 商业银行是以盈利为目的、从事信贷资金投放的金融机构，包括国有商业银行、股份制商业银行和合作银行，它主要为企业提供各种商业贷款。(　　)

10. 企业通过向银行借款、发行债券、融资租赁、商业信用等方式筹集的资金属于企业的负债，到期要归还本金和利息，因而又称之为企业的借入资金或负债资金。(　　)

11. 企业采用借入资金的方式筹集资金，一般承担较小的风险，相应的资金成本较高。(　　)

12. 吸收国家投资是国有企业筹集自有资金的主要方式。(　　)

13. 根据《企业国有资本与财务管理暂行办法》的规定，国家对企业注册的国有资本实行保全原则。企业在持续经营期间，对注册的国有资本除依法转让外，不得抽回，并且以出资额为限承担责任。(　　)

14. 无记名股票的转让、继承需办理过户手续。(　　)

15. 股票按股东权利不同可分为普通股票和优先股票。(　　)

16. 我国《公司法》承认无面值股票，但其发行价格不得低于票面金额。(　　)

17. 股份有限公司采用募集设立方式向社会公开发行新股，由证券经营机构承销的做法是股票公开间接发行方式。(　　)

18. 股票上市是指股份有限公司公开发行的股票经批准在证券交易所进行挂牌交易。(　　)

19. 我国《证券法》规定，股份有限公司申请股票上市，必须符合下列条件：股票经国务院证券监督管理机构核准已公开发行；公司股本总额不少于人民币5000万元；公开发行的股份达到公司股份总数的25%以上，公司股本总额超过人民币4亿元的，公开发行股份的比例为10%以上；公司最近三年无重大违法行为，财务会计报告无虚假记载。(　　)

20. 优先股的特点是具有债务和权益的双重性质。(　　)

## 练习3-4：计算分析题

1. 光华公司20××年12月31日的资产负债表见表3-1。假定光华公司20××年销售额为4000万元，销售净利率为10%，股利支付率为60%，公司有足够的生产能力，无需追加固定资产投资。20××年的销售收入提高到5000万元，采用销售百分比法计算出企业需要筹集多少外部资金？

表 3-1　　光华公司资产负债表(20××年 12 月 31 日)　　单位：万元

| 资　产 | 金　额 | 负债与权益 | 金　额 |
|---|---|---|---|
| 货币资金 | 160 | 应交税费 | 160 |
| 应收账款 | 480 | 应付账款 | 320 |
| 存　　货 | 960 | 短期借款 | 800 |
| 固定资产 | 1280 | 应付债券 | 320 |
| | | 实收资本 | 960 |
| | | 留存收益 | 320 |
| 合　计 | 2880 | 合　计 | 2880 |

要求：

(1)预计销售额增长率。

(2)确定随销售额变动而变动的资产和负债项目。

(3)计算对外资金需求数量。

2. 光华公司历年现金占用与销售额之间的关系如表 3-2 所示。

表 3-2　　现金与销售额变化情况表　　单位：万元

| 年　度 | 销售收入 | 现金占用 |
|---|---|---|
| 2005 年 | 4000 | 220 |
| 2006 年 | 4800 | 260 |
| 2007 年 | 5200 | 280 |
| 2008 年 | 5600 | 300 |
| 2009 年 | 6500 | 320 |

要求：

(1)根据以上资料，采用高低点法计算不变资金和变动资金的数额。

(2)如果 2010 年的预计销售收入为 7000 万元，则 2010 年的资金需求量为多少?

3. 光华公司因生产周转原因需要资金 50 万元，拟向银行借款，支付银行贷款利息的方式同银行协商后的结果是：

A 方案：采用收款法付息，利息率为 12%；

B 方案：采用贴现法付息，利息率为 14%；

C 方案：利息率为 22%，银行要求的补偿性余额比例为 35%；

要求：

分别采用收款法、贴现法及补偿性余额计算实际利率，并分析企业应选择的借款方式。

4. 光华公司采用融资租赁方式于 2010 年 1 月 1 日从某租赁公司租入一台设备，设备价款为10万元，租赁期为5年，到期后设备归企业所有。为了保证租赁公司完全弥补融资成本、相关的手续费并有一定的盈利，双方商定采用28%的折现率。

要求：

(1)计算该公司每年年末应支付的等额租金为多少?

(2)若该公司采用先付等额租金方式，则每年年初应支付的租金为多少?

5. 光华公司发行十年期的公司债券，债券面值为1000元，票面利率为7%，利息每年支付一次，若债券发行时出现以下三种市场利率：

(1)债券发行时市场利率为8%；

(2)债券发行时市场利率为7%；

(3)债券发行时市场利率为5%；

要求：计算以上三种情况下的债券发行价格。

# 学习情境四　资金成本和资金结构

## 练习 4-1：单选题

1. 某公司普通股目前的股价为 25 元/股，筹资费用率为 6%，刚刚支付的每股股利为 2 元，股利固定增长率 2%，则该企业利用留存收益的资金成本为(　　)。

A. 10.16%　　B. 10%　　C. 8%　　D. 8.16%

2. 目前国库券收益率为 13%，市场投资组合收益率为 18%，而该股票的贝塔系数为 1.2，那么该股票的资金成本为(　　)。

A. 19%　　B. 13%　　C. 18%　　D. 8%

3. 按照(　　)权数计算的加权平均资金成本更适用于企业筹措新资金。

A. 账面价值　　B. 市场价值　　C. 目标价值　　D. 目前价值

4. 某企业的资金总额中，债券筹集的资金占 40%，已知债券筹集的资金在 500 万元以下时其资金成本为 4%，在 500 万元以上时其资金成本为 6%，则在债券筹资方式下企业的筹资总额分界点是(　　)元。

A. 1000　　B. 1250　　C. 1500　　D. 1650

5. 某企业 2004 年的销售额为 1000 万元，变动成本 600 万元，固定经营成本 200 万元，预计 2005 年固定成本不变，则 2005 年的经营杠杆系数为(　　)。

A. 2　　B. 3　　C. 4　　D. 无法计算

6. 某企业 2004 年的销售额为 1000 万元，变动成本 600 万元，固定经营成本 200 万元，利息费用 10 万元，没有融资租赁和优先股，预计 2005 年息税前利润增长率为 10%，则 2005 年的每股利润增长率为(　　)。

A. 10%　　B. 10.5%　　C. 15%　　D. 12%

7. 某企业销售收入 800 万元，变动成本率为 40%，经营杠杆系数为 2，总杠杆系数为 3。假设固定成本增加 80 万元，其他条件不变，企业没有融资租赁和优先股，则总杠杆系数变为(　　)。

A. 3　　B. 4　　C. 5　　D. 6

8. 某公司拟发行面值为 1000 元，不计复利，5 年后一次还本付息，票面利率为 10% 的债权。已知发行时资金市场的年利率为 12%，$(P/F, 10\%, 5) = 0.6209$，$(P/F, 12\%, 5) = 0.5674$。则该公司债券的发行价格为(　　)。

A. 851.10　　B. 907.84　　C. 931.35　　D. 993.44

9. 已知某企业目标资本结构中长期债务的比重为20%，债务资金的增加额在0～10000元范围内，其利率维持5%不变。该企业与此相关的筹资总额分界点为(　　)元。

A. 5000　　B. 20000　　C. 50000　　D. 200000

10. 如果企业一定期间内的固定生产成本和固定财务费用均不为零，则由上述因素共同作用而导致的杠杆效应属于(　　)。

A. 经营杠杆效应　　B. 财务杠杆效应
C. 符合杠杆效应　　D. 风险杠杆效应

11. 如果企业的资金来源全部为自有资金，且没有优先股存在，则企业财务杠杆系数(　　)。

A. 等于0　　B. 等于1　　C. 大于1　　D. 小于1

12. 运用普通股每股收益无差别点确定最佳资本结构时，需计算的指标是(　　)。

A. 息税前利润　　B. 营业利润　　C. 净利润　　D. 利润总额

13. 如果经营杠杆系数为2，综合杠杆系数为1.5，息税前利润变动率为20%，则普通股每股收益变动率为(　　)。

A. 40%　　B. 30%　　C. 15%　　D. 26.67%

14. 资金结构的调整方法中不属于存量调整的是(　　)。

A. 债转股　　B. 增发新股偿还债务
C. 优先股转为普通股　　D. 进行融资租赁

15. 某企业某年的财务杠杆系数为2.5，息税前利润的计划增长率是10%，假定其他因素不变，则该年普通股每股收益的增长率为(　　)。

A. 4%　　B. 5%　　C. 20%　　D. 25%

16. 用来衡量销售量变动对每股收益变动的影响程度的指标是指(　　)。

A. 经营杠杆系数　　B. 财务杠杆系数
C. 综合杠杆系数　　D. 筹资杠杆系数

17. 某企业发行5年期债券，债券面值为1000元，票面利率10%，每年付息一次，发行价为1100元，筹资费率3%，所得税税率为30%，则该债券的资金成本是(　　)。

A. 9.37%　　B. 6.56%　　C. 7.36%　　D. 6.66%

18. 企业向银行取得借款100万元，年利率5%，期限3年。每年付息一次，到期还本，所得税税率30%，手续费忽略不计，则该项借款的资金成本为(　　)。

A. 3.5%　　B. 5%　　C. 4.5%　　D. 3%

19. 某公司普通股目前的股价为10元/股，筹资费率为8%，刚刚支付的每股股利为2元，股利固定增长率3%，则该股票的资金成本为(　　)。

A. 22.39%　　B. 21.74%　　C. 24.74%　　D. 25.39%

20. 某公司普通股目前的股价为10元/股，筹资费率为8%，刚刚支付的每股股利为2元，股利固定增长率3%，则该企业利用留存收益的资金成本为(　　)。

A. 22.39%　　B. 25.39%　　C. 20.6%　　D. 23.6%

# 练习 4-2：多选题

1. 总杠杆的作用在于(　　)。

A. 用来估计销售变动对息税前盈余的影响

B. 用来估计销售变动对每股盈余的影响

C. 揭示经营杠杆与财务杠杆之间的关系

D. 揭示企业面临的财务风险

2. 下列关于经营杠杆系数表述正确的是(　　)。

A. 在固定成本不变下，经营杠杆系数说明了销售额变动所引起息税前利润变动的幅度

B. 在固定成本不变下，销售额越大，经营杠杆系数越大，经营风险也就越小

C. 当销售额达到盈亏临界点时，经营杠杆系数趋于无穷大

D. 企业一般可以通过增加销售额、降低产品单位变动成本、降低固定成本比重等措施使经营风险降低

3. 下列关于资本成本的说法中，正确的有(　　)。

A. 资本成本的本质是企业为筹集和使用资金而实际付出的代价

B. 企业的加权平均资本成本由资本市场和企业经营者共同决定

C. 资本成本的计算主要以年度的相对比率为计量单位

D. 资本成本可以视为项目投资或使用资金的机会成本。

4. 融资决策中的总杠杆具有如下性质(　　)。

A. 总杠杆能够起到财务杠杆和经营杠杆的综合作用

B. 总杠杆能够表达企业边际贡献与税前盈余的比率

C. 总杠杆能够估计出销售额变动对每股收益的影响

D. 总杠杆系数越大，企业经营风险越大

E. 总杠杆系数越大，企业财务风险越大

5. 下列项目中，属于资本成本中筹资费用内容的是(　　)。

A. 债券利息　B. 股利　C. 债券手续费

D. 债券发行费　E. 股票印刷费

6. 根据资本结构理论，下列各项中，属于影响资本结构决策因素的有(　　)

A. 企业资产结构　B. 企业财务状况

C. 企业产品销售状况　D. 企业技术人员学历结构

7. 在事先确定企业资金规模的前提下，吸收一定比例的负债资金，可能产生的结果有(　)

A. 降低企业资金成本　B. 降低企业财务风险

C. 加大企业财务风险　D. 提高企业经营能力

8. 影响企业综合资本成本的因素主要有(　　)。

A. 资本结构　B. 个别资本成本　C. 筹资总额　D. 筹资期限
E. 筹资渠道

9. 降低企业经营风险的途径一般有(　　)。
A. 增加销售　B. 增加自有资本
C. 降低变动成本　D. 增加固定成本比例

10. 下列各项中，影响财务杠杆系数的因素有(　　)。
A. 销售收入　B. 变动成本　C. 固定成本　D. 财务费用

11. 资金成本包括用资费用和筹资费用两部分，其中属于用资费用的是(　　)。
A. 向股东支付的股利　B. 向债权人支付的利息
C. 借款手续费　D. 债券发行费

12. 资金成本并不是企业筹资决策中所要考虑的唯一因素，企业筹资还需要考虑(　　)。
A. 财务风险　B. 资金期限　C. 偿还方式　D. 限制条件

13. 权益资金成本包括(　　)。
A. 债券成本　B. 优先股成本　C. 普通股成本　D. 留存收益成本

14. 加权平均资本成本的权数，其具体确定方法有(　　)。
A. 账面价值法　B. 市场价值法　C. 目标价值法　D. 清算价值法
E. 票面价值法

15. 下列各种资本成本的计算需考虑筹资费的是(　　)。
A. 债券成本　B. 普通股成本　C. 优先股成本　D. 留存收益成本
E. 长期银行借款成本

16. 在边际贡献大于固定成本的情况下，下列措施中有利于降低企业复合风险的有(　　)。
A. 提高产量　B. 提高产品单价
C. 提高资产负债率　D. 降低单位变动成本

17. 影响资金结构的因素包括(　　)。
A. 企业财务状况　B. 企业资产结构
C. 投资者和管理人员的态度　D. 贷款人和信用评级机构的影响

18. 下列关于资金结构理论的说法正确的是(　　)。
A. 传统折中理论认为企业的综合资金成本由下降变为上升的转折点，资金结构最优
B. 平衡理论认为最优资金结构是由股权代理成本和债权代理成本之间的平衡关系决定的
C. 代理理论认为当边际税额庇护利益等于边际财务危机成本时，资金结构最优
D. 等级筹资理论认为，如果企业需要外部筹资，则偏好债务筹资

19. 企业最佳资金结构的确定方法包括(　　)。
A. 因素分析法　B. 每股利润无差别点法

C. 比较资金成本法　　　　　　　　D. 公司价值分析法

20. 最佳资金结构是指(　　)的资金结构。

A. 企业价值最大　　　　　　　　B. 加权平均资金成本最低

C. 每股收益最大　　　　　　　　D. 净资产值最大

## 练习 4-3：判断题

1. 留存收益筹资属于内部筹资，是在企业内部"自然地"形成的，一般无需花费筹资费用。因此，留存收益筹资没有成本。(　　)

2. 在其他因素不变下，固定成本越小，经营杠杆系数就越小，而经营风险则越大。(　　)

3. 如果企业负债筹资为零，则财务杠杆系数为1。(　　)

4. 最佳资本结构是使企业筹资能力最强、财务风险最小的资本结构。(　　)

5. 无论是经营杠杆系数变大，还是财务杠杆系数变大，都可能导致企业总杠杆系数变大。(　　)

6. 如果销售具有较强的周期性，则企业在筹资时不宜过多采取负债筹资。(　　)

7. 经营杠杆能够扩大市场和生产等不确定性因素对利润变动的影响。(　　)

8. 发行股票时，既能为企业带来杠杆收益，又具有抵税效应，所以企业在筹资时应优先考虑发行股票。(　　)

9. 在个别资金成本一定得情况下，综合资金成本取决于资金总额。(　　)

10. 经营杠杆本身并不是利润不稳定的根源。(　　)

11. 资金成本包括用资费用和筹资费用两部分，一般使用相对数表示，即表示为筹资费用和用资费用之和与筹资额的比率。(　　)

12. 在所有资金来源中，一般来说，普通股的资金成本最高。(　　)

13. 某企业发行股利固定增长的普通股，市价为10元/股，预计第一年的股利为2元，筹资费率4%，已知该股票资金成本为23.83%，则股利的年增长率为2.5%。(　　)

14. 资金的边际成本需要采用加权平均法计算，其权数应为账面价值权数，不应使用市场价值权数。(　　)

15. 如果企业的财务管理人员认为目前的利率较低，未来有可能上升，便会大量发行短期债券。(　　)

16. 当企业获利水平为负数时，经营杠杆系数将小于零。(　　)

17. 对于发行公司来讲，采用自销方式发行股票具有可及时筹足资产，免于承担发行风险等特点。(　　)

18. 从成熟的证券市场来看，企业的筹资优序模式首先是内部筹资，其次是借款、发行债券、可转换债券，最后是发行新股筹资。(　　)

19. 使用每股利润无差别点法进行最佳资金结构的判断时考虑了风险的因

素。(　)

20. 进行企业分立属于资金结构的存量调整法。(　)

## 练习 4-4：计算分析题

1. MC 公司 2002 年初的负债及所有者权益总额为 9000 万元，其中，公司债券为 1000 万元(按面值发行，票面利率为 8%，每年末付息，三年后到期)；普通股股本为 4000 万元(面值 1 元，4000 万股)；资本公积为 2000 万元；其余为留存收益。2002 年该公司为扩大生产规模，需要再筹资 1000 万元，有以下两个筹资方案可供选择。

方案一：增加发行普通股，预计每股发行价格为 5 元

方案二：增加发行同类公司债券，按面值发行，票面利率为 8%。

预计 2002 年可实现息税前利润 2000 万元，适用的企业所得税税率为 33%。

要求：(1)计算增发股票方案的下列指标：

①2002 年增发普通股股份数；

②2002 年全年债券利息。

(2)计算增发公司债券方案下的 2002 年全年债券利息。

(3)计算每股收益无差别点，并据此进行筹资决策。

2. 某公司 2008 年只经营一种产品，息税前利润总额为 90 万元，变动成本率为 40%，债务筹资的利息为 40 万元，单位变动成本 100 元，销售数量 10000 台，预计 2009 年息税前利润会增加 10%。

要求：(1)计算该公司 2009 年的经营杠杆系数、财务杠杆系数、总杠杆系数。

(2)预计 2009 年该公司的每股收益增长率?

3. 某企业发行普通股 800 万元，发行价为 8 元/股，筹资费率为 6%，第一年预期股利为 0.8 元/股，以后各年增长 2%；该公司股票的贝他系数等于 1.2，无风险利率为 8%，市场上所有股票的平均收益率为 12%，风险溢价为 4%。

要求：根据上述资料使用股利折现模型、资本资产定价模型以及无风险利率加风险溢价法分别计算普通股的资金成本。

4. 某企业只生产和销售甲产品，其总成本习性模型为 $y=15000+4x$。假定该企业 2005 年度该产品销售量为 10000 件，每件售价为 8 元，按市场预测 2006 年 A 产品的销售数量将增长 15%。

要求：(1)计算 2005 年该企业的边际贡献总额。

(2)计算 2005 年该企业的息税前利润。

(3)计算 2006 年的经营杠杆系数。

(4)计算 2006 年的息税前利润增长率。

(5)假定企业 2005 年发生负债利息及融资租赁租金共计 5000 元，优先股股息 300 元，企业所得税税率 40%，计算 2006 年的复合杠杆系数。

5. 某公司原有资本 1000 万元，其中债务资本 400 万元(每年负担利息 30 万元)，

普通股资本600万元(发行普通股12万股，每股面值50元)，企业所得税税率为30%。由于扩大业务，需追加筹资300万元，其筹资方式有三个：

一是全部发行普通股：增发6万股，每股面值50元；

二是全部按面值发行债券：债券利率为10%；

三是发行优先股300万元，股息率为12%。

要求：(1)分别计算普通股筹资与债券筹资以及普通股筹资与优先股筹资每股利润无差别点的息税前利润；

(2)假设扩大业务后的息税前利润为300万元，确定公司应当采用哪种筹资方式(不考虑风险)。

# 学习情境五　项目投资管理

## 练习 5-1：单选题

1. 项目投资决策中，完整的项目计算期是指(　　)。

A. 建设期　　B. 生产经营期　　C. 建设期+生产期　　D. 建设期+运营期

2. 净现值属于(　　)。

A. 静态评价指标　　B. 反指标　　C. 次要指标　　D. 主要指标

3. 按照投资行为的介入程度，可将投资分为(　　)。

A. 直接投资和间接投资　　B. 生产性投资和非生产性投资

C. 对内投资和对外投资　　D. 固定资产投资和信托投资

4. 甲企业拟建的生产线项目，预计投产第一年初的流动资产需用额为 50 万元，流动负债需用额为 25 万元，预计投产第二年初流动资产需用额为 65 万元，流动负债需用额为 30 万元，则投产第二年新增的流动资金投资额应为(　　)万元。

A. 25　　B. 35　　C. 10　　D. 15

5. 某投资项目年营业收入为 180 万元，年付现成本为 60 万元，年折旧额为 40 万元，所得税税率为 25%，则该项目年经营净现金流量为(　　)万元。

A. 81.8　　B. 100　　C. 82.4　　D. 76.4

6. 下列投资项目评价指标中，不受建设期长短、投资回收时间先后及现金流量大小影响的评价指标是(　　)。

A. 静态投资回收期　　B. 总投资收益率

C. 净现值率　　D. 内部收益率

7. 某投资项目原始投资为 12000 元，当年完工投产，有效期 3 年，每年可获得现金净流量 4600 元，则该项目内部收益率为(　　)。

A. 7.33%　　B. 7.68%　　C. 8.32%　　D. 6.68%

8. 如果某一投资方案的净现值为正数，则必然存在的结论是(　　)。

A. 投资回收期在一年以内　　B. 净现值率大于 0

C. 总投资收益率高于 100%　　D. 年均现金净流量大于原始投资额

9. 已知某投资项目的原始投资额为 350 万元，建设期为 2 年，投产后第 1 至 5 年每年 NCF 为 60 万元，第 6 至 10 年每年 NCF 为 55 万元。则该项目包括建设期的静态投资回收期为(　　)年。

A. 7.909　　B. 8.909　　C. 5.833　　D. 6.833

10. 下列指标的计算中，没有直接利用净现金流量的是(　　)。

A. 净现值　　B. 净现值率　　C. 内部收益率　　D. 总投资收益率

11. 若某投资项目的净现值为15万元，包括建设期的静态投资回收期为5年，项目计算期为7年，运营期为6年，则该方案(　　)。

A. 基本不具备财务可行性　　B. 基本具备财务可行性

C. 完全不具备财务可行性　　D. 完全具备财务可行性

12. 某投资项目原始投资额为100万元，使用寿命10年，已知该项目第10年的经营净现金流量为25万元，期满处置固定资产残值收入及回收流动资金共8万元，则该投资项目第10年的净现金流量为(　　)万元。

A. 8　　B. 25　　C. 33　　D. 43

13. 下列投资项目评价指标中，不受建设期长短、投资回收时间先后及回收额有无影响的评价指标是(　　)。

A. 静态投资回收期　　B. 总投资收益率

C. 净现值率　　D. 内部收益率

14. 下列不属于静态投资回收期缺点的是(　　)。

A. 没有考虑回收期满后继续发生的现金流量

B. 无法直接利用净现金流量信息

C. 不能正确反映投资方式不同对项目的影响

D. 没有考虑资金时间价值因素

15. 若设定折现率为 $i$ 时，NPV>0，则(　　)。

A. IRR>$i$，应降低折现率继续测试

B. IRR>$i$，应提高折现率继续测试

C. IRR<$i$，应降低折现率继续测试

D. IRR<$i$，应提高折现率继续测试

16. 下列方法中，可以适用于原始投资额不相同，特别是项目计算期不相等的多方案的比较决策的有(　　)。

A. 净现值法　　B. 净现值率法

C. 差额投资内部收益率法　　D. 年等额净回收额法

17. 某企业购置一国内标准设备，增值税发票上金额为500万元，税额为85万元，国内运杂费率为2%，则国内标准设备购置费为(　　)万元。

A. 596.7　　B. 510　　C. 595　　D. 511.7

18. 某投资方案，当贴现率为16%时，其净现值为338元，当贴现率为18%时，其净现值为-22元。该方案的内部收益率为(　　)。

A. 15.88%　　B. 16.12%　　C. 17.88%　　D. 18.14%

19. 已知某投资项目的项目计算期是8年，资金于建设起点一次投入，当年完工并投产，若投产后每年的现金净流量相等，经预计该项目包括建设期的静态投资回收期是

2.5 年，则按内部收益率确定的年金现值系数是(　　)。

A. 3.2　　B. 5.5　　C. 2.5　　D. 4

20. 静态投资回收期法的弊端的是(　　)。

A. 未考虑时间价值因素　　B. 考虑了回收期满后的现金流量

C. 无法利用现金流量信息　　D. 计算方法过于复杂

## 练习 5-2：多选题

1. 净现值指标属于(　　)。

A. 动态评价指标　B. 正指标　　C. 辅助指标　　D. 主要指标

2. 净现值指标的缺点有(　　)。

A. 不能从动态的角度直接反映投资项目的实际收益率水平

B. 当多个项目投资额不等时，仅用净现值无法确定投资方案的优劣

C. 净现金流量的测量和折现率的确定比较困难

D. 没有考虑投资的风险性

3. 净现值法的优点有(　　)。

A. 考虑了资金时间价值

B. 考虑了项目计算期的全部净现金流量

C. 考虑了投资风险

D. 可从动态上反映项目的实际收益率

4. 下列有关总投资收益率指标的表述正确的有(　　)。

A. 没有利用净现金流量

B. 指标的分母原始投资中不考虑资本化利息

C. 没有考虑时间价值

D. 分子分母口径不一致

5. 影响项目内部收益率的因素包括(　　)。

A. 投资项目的有效年限　　B. 企业要求的最低投资报酬率

C. 投资项目的现金流量　　D. 建设期

6. 长期投资决策中，不宜作为折现率进行投资项目评价的是(　　)。

A. 拟投资项目的权益资本必要收益率

B. 拟投资项目的资金成本

C. 社会的投资机会成本　　D. 行业基准资金收益率

7. 下列属于净现值指标缺点的有(　　)。

A. 无法从动态的角度反映项目投资的资金投入与净产出之间的关系

B. 无法从动态的角度直接反映投资项目的实际收益率水平

C. 没有考虑项目计算期内的全部净现金流量

D. 没有考虑投资的风险性

8. 净现值率指标的优点是(　　)。

A. 考虑了资金时间价值　　B. 考虑了项目计算期的全部净现金流量

C. 比其他折现相对数指标更容易计算

D. 可从动态上反映项目投资的资金投入与净产出之间的关系

9. 在项目生产经营阶段上，最主要的现金流出量项目有(　　)。

A. 流动资金投资　B. 建设投资　C. 经营成本　D. 各种税款

10. 甲投资项目的净现金流量如下：NCF0 = -210 万元，NCF1 = -15 万元，NCF2 = -20 万元,NCF3 ~6 = 60 万元，NCF7 = 72 万元，则下列说法正确的有(　　)。

A. 项目的建设期为 2 年　　B. 项目的运营期为 7 年

C. 项目的原始总投资为 245 万元　　D. 终结点的回收额为 12 万元

11. 投资项目的现金流入主要包括(　　)。

A. 营业收入　　B. 回收固定资产余值

C. 固定资产折旧　　D. 回收流动资金

12. 若有两个投资方案，原始投资额不相同，彼此相互排斥，各方案项目计算期不同，可以采用下列(　　)方法进行选优。

A. 净现值法　　B. 计算期统一法

C. 差额内部收益率法　　D. 年等额净回收额法

13. 企业取得非专利技术的若为投资转入，则此非专利技术可按(　　)进行估算。

A. 合同约定的价值　B. 收益法　C. 市价法　D. 成本法

14. 下列关于投资分类的说法正确的有(　　)。

A. 按照投资行为的介入程度不同分为直接投资和间接投资

B. 按照投资的方向不同分为对内投资和对外投资

C. 按照投入领域不同分为生产性投资和非生产性投资

D. 按照投资内容不同分为实物投资和金融投资

15. 单纯固定资产投资项目的现金流出量包括(　　)。

A. 固定资产投资　　B. 流动资金投资

C. 新增经营成本　　D. 增加的各项税款

16. 与项目相关的经营成本等于总营业成本费用扣除(　　)后的差额。

A. 固定资产折旧额　　B. 运营期的利息费用

C. 无形资产摊销　　D. 开办费摊销

17. 按照投资行为的介入程度，投资分为直接投资和间接投资，其中直接投资的对象包括(　　)。

A. 现金　B. 设备　C. 债券　D. 股票

18. 与其他形式的投资相比，项目投资具有的特点是(　　)。

A. 一定会涉及固定资产投资　　B. 发生频率高

C. 变现能力差　　D. 投资风险大

19. 静态投资回收期和总投资收益率指标共同的缺点有(　　)。

A. 没有考虑资金时间价值

B. 不能反映原始投资的返本期限

C. 不能正确反映投资方式的不同对项目的影响

D. 不能直接利用净现金流量信息

20. 下列(　　)评价指标的计算与项目事先给定的折现率有关。

A. 内部收益率　B. 净现值　C. 净现值率　D. 静态投资回收期

## 练习 5-3：判断题

1. 按我国《企业会计准则》规定，用于企业自行开发建造厂房建筑物的土地使用权，可以列作固定资产价值。(　　)

2. 项目计算期最后一年的年末称为终结点，假定项目最终报废或清理均发生在终结点(但更新改造除外)从投产日到终结点之间的时间间隔称为建设期，又包括运营期和达产期两个阶段。(　　)

3. 净现值率直接反映投资项目的实际收益率。(　　)

4. 采用净现值率法与采用净现值率法总会得到完全相同的评价结论。(　　)

5. 直接投资可以直接将投资者与投资对象联系在一起，而间接投资主要是证券投资。(　　)

6. 包括建设期的静态投资回收期应等于累计净现金流量为零时的年限再加上建设期。(　　)

7. 估算预付账款需用额时，应该用经营成本比上预付账款的最多周转次数。(　　)

8. 某企业正在讨论更新现有的生产线，有两个备选方案 A 和 B，A、B 方案的原始投资不同：A 方案的净现值为 400 万元，年等额净回收额为 100 万元；B 方案的净现值为 300 万元，年等额净回收额为 110 万元，据此可以认为 A 方案较好。(　　)

9. 在对同一个独立投资项目进行评价时，用净现值、净现值率和内部收益率指标会得出完全相同的决策结论，而采用静态投资回收期则有可能得出与前述结论相反的决策结论。(　　)

10. 利用差额投资内部收益率法和年等额净回收额法进行原始投资不相同的多个互斥方案决策分析，会得出相同的决策结论。(　　)

11. 在项目可行性研究中，对项目有偿取得的永久或长期使用的特许权，按取得成本进行估算。(　　)

12. 开办费是指在企业筹建期发生的，不能计入固定资产和无形资产，它属于生产准备费。(　　)

13. 在完成相关环境与市场分析之后，紧接着应该进行项目财务可行性分析。(　　)

14. 估算形成无形资产的费用时，要将商誉纳入考虑范畴。(　　)

15. 折现率可以根据单个投资项目的资金成本计算出来。(　　)

16. 利用动态指标对同一个投资项目进行评价和决策，会得出完全相同的结论。(　　)

17. 若假定在经营期不发生提前回收流动资金，则在终结点回收的流动资金应等于各年垫支的流动资金投资额的合计数。(　　)

18. 所得税后净现金流量可用于评价在考虑所得税因素时项目投资对企业价值所作的贡献。(　　)

19. 在投资项目决策中，只要投资方案的总投资收益率大于零，该方案就是可行方案。(　　)

20. 在长期投资决策中，内部收益率的计算本身与项目的设定折现率的高低无关。(　　)

## 练习 5-4：计算分析题

1. 假设某公司计划开发一种新产品，该产品的寿命期为 5 年，开发新产品的成本及预计收入为：需投资固定资产 240000 元，需垫支流动资金 200000 元，5 年后可收回固定资产残值为 30000 元，用直线法提折旧。投产后，预计每年的销售收入可达 240000 元，每年需支付直接材料、直接人工等变动成本 128000 元，每年的设备维修费为 10000 元。该公司要求的最低投资收益率为 10%，适用的所得税税率为 25%。假定财务费用(利息)为 0。

要求：请用净现值法和内部收益率法对该项新产品是否开发作出分析评价(现值系数取三位小数)。

2. 某工业项目需要原始投资 130 万元，其中固定资产投资 100 万元(全部为贷款，年利率 10%，贷款期限为 6 年)，开办费投资 10 万元，流动资金投资 20 万元。建设期为 2 年，建设期资本化利息 20 万元。固定资产投资和开办费投资在建设期内均匀投入，流动资金于第 2 年年末投入。该项目寿命期 10 年，固定资产按直线法计提折旧，期满有 10 万元净残值；开办费自投产年份起分 5 年摊销完毕。预计投产后第一年获 10 万元利润，以后每年递增 5 万元；流动资金于终结点一次收回。

要求：

(1)计算项目的投资总额；

(2)计算项目计算期各年的净现金流量；

(3)计算项目的包括建设期的静态投资回收期。

3. 甲企业拟建造一项生产设备。预计建设期为 2 年，所需原始投资 450 万元(均为自有资金)于建设起点一次投入。该设备预计使用寿命为 5 年，使用期满报废清理残值为 50 万元。该设备折旧方法采用直线法。该设备投产后每年增加息税前利润为 100 万元，所得税率为 25%，项目的行业基准利润率为 20%。

要求：

(1)计算项目计算期内各年净现金流量；

(2)计算该设备的静态投资回收期;

(3)计算该投资项目的总投资收益率(ROI);

(4)假定适用的行业基准折现率为10%,计算项目净现值;

(5)计算项目净现值率;

(6)评价其财务可行性。

4. 某公司有A、B、C、D四个投资项目可供选择,其中A与D是互斥方案,有关资料如下:

| 投资项目 | 原始投资 | 净现值率 | 净现值 |
|---|---|---|---|
| A | 120000 | 67000 | 56% |
| B | 150000 | 79500 | 53% |
| C | 300000 | 111000 | 37% |
| D | 160000 | 80000 | 50% |

要求:(1)确定投资总额不受限制时的投资组合;

(2)如果投资总额限定为50万元时,做出投资组合决策。

5. 某公司有一个投资项目,需要投资6000元(5400元用于购买设备,600元用于追加流动资金)。预期该项目可使企业销售收入增加:第一年为2000元,第二年为3000元,第三年为4500元。第三年末项目结束,收回流动资金600元。假设公司适用的所得税税率为40%,固定资产按3年用直线法折旧并不计残值。公司要求的最低投资报酬率为10%,利率为10%,1~3期的复利现值系数为0.909,0.826和0.751。

要求:(1)计算确定该项目的税后现金流量;

(2)计算该项目的净现值;

(3)如果不考虑其他因素,你认为项目应否被接受?为什么?

# 学习情境六　营运资金管理

## 练习 6-1：单选题

1. 下列关于流动资产的说法错误的是(　　)。
   A. 投资于流动资产的资金对企业影响的时间比较短
   B. 流动资产对于满足财务上临时性资金需求具有重要意义
   C. 在流动资产的周转过程中，各种不同形态的流动资产可以同时存在
   D. 流动资产占用的资金时高时低，起伏不定，所以具有风险大的特点
2. 关于流动负债筹资的特点，下列说法正确的是(　　)。
   A. 短期借款的风险大于长期债务，所以申请短期借款往往比申请长期借款更难
   B. 短期债务的弹性大于长期债务
   C. 短期债务的筹资成本往往较高
   D. 短期债务的筹资风险较小
3. 企业为组织日常生产经营活动，必须保持的现金余额主要与(　　)有关。
   A. 企业愿意承担风险的程度　　B. 企业临时举债能力的强弱
   C. 企业销售水平　　D. 企业对现金流量预测的可靠程度
4. 下列各项成本中与现金的持有量成正比例关系的是(　　)
   A. 管理成本　　B. 固定性转换成本
   C. 企业持有现金放弃的再投资收益　　D. 短缺成本
5. 在现金持有量的成本分析模式和存货模式中均需要考虑的因素包括(　　)。
   A. 管理成本　　B. 转换成本　　C. 短缺成本　　D. 机会成本

6. 某企业现金收支状况比较稳定，全年的现金需要量为250000元，每次转换有价证券的固定成本为400元，有价证券的年利率为2%，则全年固定性转换成本是(　　)元。

   A. 1000　　B. 2000　　C. 3000　　D. 4000

7. 某企业若采用银行业务集中法增设收款中心，可使企业应收账款平均余额由现在的500万元减至300万元。企业综合资金成本率为10%，因增设收款中心每年将增加相关费用10万元，则该企业分散收账收益净额为(　　)万元。

   A. 10　　B. 18　　C. 20　　D. 24

8. 某企业年销售额625万元，赊销额占销售收入的80%（一年按360天计算），应收账款周转率为10次，变动成本为240万元，总成本为400万元，资金成本率8%，则企业的应收账款机会成本为(　　)万元。

A. 1.536　　B. 30　　C. 3.6　　D. 4.2

9. 企业在制定或选择信用标准时不需要考虑的因素包括(　　)。

A. 预计可以获得的利润　　B. 同行业竞争对手的情况

C. 客户资信程度　　D. 企业承担违约风险的能力

10. 某企业销售商品，年赊销额为500万元，信用条件为"2/10，1/20，*n*/40"，预计将会有50%客户享受2%的现金折扣，30%的客户享受1%的现金折扣，其余的客户均在信用期内付款，则企业应收账款平均收账天数为(　　)。

A. 18　　B. 19　　C. 20　　D. 无法计算

11. 某公司2005年应收账款总额为800万元，当年必要现金支付总额为500万元，应收账款收现以外的其他稳定可靠的现金流入总额为300万元，则该公司2005年应收账款收现保证率为(　　)。

A. 70%　　B. 20%　　C. 25%　　D. 50%

12. 下列各项中不属于存货变动性储存成本的是(　　)。

A. 存货的变质损失　　B. 储存存货仓库的折旧费

C. 存货的保险费用　　D. 存货占用资金的应计利息

13. 下列各项中不属于存货经济进货批量基本模式假设条件的是(　　)。

A. 不存在数量折扣　　B. 存货的耗用是均衡的

C. 仓储条件不受限制　　D. 可能出现缺货的情况

14. 某甲企业材料的年需要量为16000千克，销售企业规定：客户每次购买量4000千克时，价格优惠2%，单位材料的年存储成本为30元，每批进货费用600元，每千克标准单价为20元，则企业进货4000千克时存货总成本为(　　)元。

A. 376000　　B. 376320　　C. 62400　　D. 376640

15. 在对存货实行ABC分类管理的情况下，ABC三类存货的金额比重大致为(　　)。

A. 0.7：0.2：0.1　　B. 0.1：0.2：0.7

C. 0.5：0.3：0.2　　D. 0.2：0.3：0.5

16. 流动资产是指可以在(　　)变现或运用的资产。

A. 1年以内或超过1年的一个营业周期内

B. 1年以内

C. 超过1年的一个营业周期内

D. 1年以内和超过1年的一个营业周期内

17. 在资产总额和筹资组合都不变的情况下，如果固定资产增加，流动资产减少，而企业的风险和盈利(　　)。

A. 不变　　B. 增加

C. 一个增加，另一个减少　　D. 不确定

18. 公司将资金占用在应收账款上而放弃的投资于其他方面的收益，称为应收账款的(　　)。

A. 管理成本　　B. 坏账成本　　C. 短缺成本　　D. 机会成本

19. 利用存货模型确定最佳现金持有量时，不予考虑的因素(　　)。

A. 持有现金的机会成本　　B. 现金的管理成本

C. 现金的交易成本　　D. 现金的平均持有量

20. 企业置存现金的原因，主要是为了满足(　　)。

A. 交易性、预防性、收益性的需要　　B. 交易性、投机性、收益性的需要

C. 交易性、预防性、投机性的需要　　D. 预防性、收益性、投机性的需要

## 练习 6-2：多选题

1. 关于营运资金的说法不正确的是(　　)。

A. 营运资金通常是指流动资产减去流动负债后的差额

B. 流动资产占用资金的数量具有波动性

C. 流动负债期限短，风险低于长期债务

D. 存货周转期，是指将原材料转化成产成品所需要的时间

2. 与固定资产投资相比，流动资产投资的特点包括(　　)。

A. 投资回收期短　　B. 流动性强　　C. 具有并存性　　D. 具有波动性

3. 企业运用存货模式确定最佳现金持有量所依据的假设包括(　　)。

A. 所需现金只能通过银行借款取得

B. 预算期内现金需要总量可以预测

C. 现金支出过程比较稳定

D. 证券利率及固定性交易费用可以知悉

4. 延期支付账款的方法包括(　　)。

A. 合理利用“浮游量”　　B. 推迟支付应付款

C. 采用汇票付款　　D. 加速收款

5. 应收账款的主要功能包括(　　)。

A. 促进销售　　B. 减少存货　　C. 增加现金　　D. 减少借款

6. 下列不属于应收账款管理成本的是(　　)。

A. 无法收回应收账款而发生的费用

B. 对客户的资信调查费用

C. 催收应收账款而发生的费用

D. 因投资应收账款而丧失的利息费用

7. 信用条件的组成要素有(　　)。

A. 信用期限　　B. 现金折扣期　　C. 现金折扣率　　D. 商业折扣

8. 延长信用期限对企业的影响有(　　)。

A. 扩大销售量　　B. 增加机会成本

C. 坏账损失增加　　D. 收账费用增加

9. 存货的功能主要表现在(　　)

A. 防止停工待料　B. 适应市场变化　C. 降低进货成本　D. 维持均衡生产

10. 存货的缺货成本包括(　　)。

A. 替代材料紧急采购的额外开支

B. 材料供应中断造成的停工损失

C. 丧失销售机会的损失

D. 延误发货造成的信誉损失

11. 某企业现金收支状况比较稳定，全年按存货模式计算的最佳持有量为 40000 元，全年现金用量为 200000 元，机会成本率为 10%，则正确说法有(　　)。

A. 转换成本为 2000 元　　B. 有价证券交易间隔期 72 天

C. 机会成本为 2000 元　　D. 相关总成本 4000 元

12. 下列关于营运资金的说法正确的是(　　)。

A. 营运资金是企业占用在流动资产上的资金

B. 营运资金有广义和狭义之分

C. 狭义的营运资金是指流动资产减流动负债后的余额

D. 营运资金的管理既包括流动资产的管理，又包括流动负债的管理

13. 现金的短缺成本(　　)。

A. 不考虑其他资产的变现能力　　B. 包括丧失的购买机会

C. 包括失去信用的损失　　D. 放弃现金折扣的损失

14. 企业为满足预防性需要而置存的现金余额主要取决于(　　)。

A. 企业对现金流量预测的可靠程度　B. 企业的借款能力

C. 企业愿意承担　　D. 企业在金融市场上的投资机会

15. 企业的筹资组合策略有(　　)。

A. 长期的筹资组合　　B. 正常的筹资组合

C. 冒险的筹资组合　　D. 短期的筹资组合

16. 关于筹资组合的策略说法正确的是(　　)。

A. 冒险的筹资组合策略的资金成本较低，能减少利息支出，增加企业收益

B. 正常情况下的筹资组合遵循的是短期资产由短期资金来融通，长期资产由长期资金来融通的原则

C. 保守的筹资组合是将部分短期资产由长期资金来融通

D. 保守的筹资组合的风险较小，但成本较高，会使企业的利润减少

17. 信用条件是指公司要求客户支付赊销款的条件，一般包括(　　)。

A. 信用期限　B. 现金折扣　C. 折扣期限　D. 坏账损失率

E. 信用标准

18. 与长期负债筹资相比，流动负债的特点包括(　　)。

A. 速度快　B. 弹性大　C. 成本低　D. 风险小

19. 下列各项中属于企业为满足交易动机所持有现金的是(　　)。

A. 偿还到期债务　　B. 派发现金股利

C. 在银行维持补偿性余额　　D. 缴纳税款

20. 利用邮政信箱法和银行业务集中法进行现金回收管理的共同优点包括(　　)。

A. 缩短票据邮寄时间　　B. 缩短票据结算时间

C. 减少收账人员　　D. 缩短票据停留时间

## 练习 6-3：判断题

1. 营运资金周转的数额只受现金循环周期影响。(　　)

2. 营运资金又称循环资本，是指流动资产减去无息流动负债后的余额。(　　)

3. 企业持有的现金总额就是各种动机所需的现金余额之和。(　　)

4. 现金与有价证券的变动性转换成本与证券交易次数有关，属于决策相关成本。(　　)

5. 在存在缺货条件下的经济订货批量是能够使企业的进货费用、储存成本和缺货成本之和最小的批量。(　　)

6. 现金存货模式中考虑的成本包括机会成本和变动性转换成本。(　　)

7. 存货具有降低进货成本的功能。(　　)

8. 信用条件是客户获得企业商业信用所应具备的最低条件，通常以预期的坏账损失率表示。(　　)

9. 在规定的时间内提前偿付货款的客户可按销售收入的一定比率享受现金折扣，折扣比率越高，越能及时收回货款，减少坏账损失，所以企业应将现金折扣比率定得越高越好。(　　)

10. 存货进价又称进货成本，是指存货本身的价值，等于采购单价与采购数量的乘积。(　　)

11. 在有数量折扣的经济进货批量模式下，需要考虑的相关成本包括进货成本、变动性进货费用和变动性储存成本。(　　)

12. 在存货模式中，能够使现金短缺成本和固定转换成本之和保持最低的现金持有量，即为最佳现金持有量。(　　)

13. 某企业某种原料预计每天的最大耗用量 15 吨，平均每天的正常耗用量 12 吨，预计最长订货提前期 10 天，订货提前期 8 天，则该企业保险储备量为 27 吨。(　　)

14. 信用政策包括信用标准、信用条件和收账期限。(　　)

15. 存货进价又称进货成本，是指存货本身的价值，等于采购单价与采购数量的乘积。(　　)

16. 现金与有价证券转换时发生的证券过户费属于变动性转换成本。(　　)

17. 在有数量折扣的经济进货批量模式下，需要考虑的相关成本包括进货成本、变动性进货费用和变动性储存成本。(　　)

18. 企业营运资金越多，则企业的风险越大，收益率越高。(　　)

19. 信用条件是客户获得企业商业信用所应具备的最低条件，通常以预期的坏账损失率表示。(　　)

20. 企业现金管理的目的首先是使得现金获得最大的收益，其次是保证日常生产经营业务的现金需求。(　　)

# 练习 6-4：业务题

## 业务题 1

(1)业务资料：AB 公司现金收支状况比较稳定，预计全年(按 360 天计算)需要现金 150000 元，现金与有价证券的转换成本为每次 600 元，有价证券的年利率为 5%。

(2)要求：

①计算最佳现金持有量。

②计算最佳现金持有量下的全年现金管理相关总成本、全年现金转换成本和全年现金持有机会成本。

③计算最佳现金持有量下的全年有价证券交易次数和有价证券交易间隔期。

## 业务题 2

(1)业务资料：A 公司是一个商业企业。由于目前的收账政策过于严厉，不利于扩大销售，且收账费用较高，该公司正在研究修改现行的收账政策。现有甲和乙两个放宽收账政策的备选方案，有关数据如下：

| 项目 | 现行收账政策 | 甲方案 | 乙方案 |
|---|---|---|---|
| 年销售额(万元/年) | 2400 | 2600 | 2700 |
| 收账费用(万元/年) | 40 | 20 | 10 |
| 所有账户的平均收账期 | 2 个月 | 3 个月 | 4 个月 |
| 所有账户的坏账损失率 | 2% | 2.5% | 3% |

乙知 A 公司的变动成本率为 80%，资金成本率为 10%。坏账损失率是指预计年度坏账损失和销售额的百分比。假设不考虑所得税的影响。

(2)要求：通过计算分析回答应否改变现行的收账政策？如果要改变，应选择甲方案还是乙方案？

## 业务题3

(1)业务资料：某公司甲材料的年需要量为3600千克。销售企业规定：客户每批购买量不足900千克的，按照单价为8元/千克计算；每批购买量900千克以上，1800千克以下的，价格优惠3%；每批购买量1800千克以上的，价格优惠5%。已知每批进货费用25元，单位材料的年储存成本2元。

(2)要求：计算实行数量折扣时的最佳经济进货批量。

## 业务题4

(1)业务资料：某商业企业估计在目前的营运政策下，今年销售将达10万件。该公司只销售一种商品，商品销售单价为10元，销售的变动成本率为80%，资金成本为16%。目前的信用政策为N/25，即无现金折扣。由于部分客户经常拖欠货款，平均收现期为30天，坏账损失为1%。该公司的财务主管拟改变信用政策，信用条件为N/40，预期影响如下：销售量增加1万件；增加部分的坏账损失比率为4%；全部销售的平均收现期为45天，一年按360天计算，设存货周转天数保持90天不变。

(2)要求：

①计算改变信用政策预期资金变动额。

②计算改变信用政策预期利润变动额。

## 业务题5

(1)业务资料：M公司全年需用零件12500件，每次订购费用为1296元，每件B零件全年储存成5元，零售价每件70元，资本成本率25%。供应商为扩大销售，现规定如下：

| 订购单位数 | 折扣(每件) |
|---|---|
| 0～999 | 无折旧 |
| 1000～1999 | 1.00 |
| 2000～4999 | 1.50 |
| 5000～9999 | 1.80 |
| 10000及以上 | 2.00 |

(2)要求：在考虑资本成本率的情况下，如果把数量折扣看做是机会成本(放弃可获得的最大订购量折扣而形成的机会成本，等于该最大订购量折扣与该公司拟选订购政策的折扣之间的差额)：

①分析计算没有数量折扣时的经济订购批量；

②计算在各经济订购批量下的储存成本、订购成本、放弃折扣的成本以及成本总额，比较各自成本总额的大小并确定其最优订购量。

# 学习情境七　对外投资管理

## 练习 7-1：单选题

1. 按对外投资形式的产权关系不同，对外投资可以分为(　　)。

A. 实物投资和证券投资　　B. 股权投资和债权投资
C. 直接投资和间接投资　　D. 短期投资和长期投资

2. 下列对外投资方式中，属于直接投资的是(　　)。

A. 购买混合性证券　　B. 购买权益性证券
C. 购买优先股股票　　D. 以无形资产投入到其他企业

3. 从联营投资的财务特征来看，联营体在董事会领导下，实行人、财、物、产、供、销统一管理的联营形式是(　　)。

A. 松散型联合　　B. 半紧密型联合
C. 混合型联合　　D. 紧密型联合

4. 某制造企业以现金购买其原材料供应商企业的股票，这种并购行为是(　　)。

A. 纵向并购　　B. 横向并购
C. 混合并购　　D. 股权交易并购

5. 下列投资中，投资风险最小的是(　　)。

A. 购买政府债券　　B. 购买企业债券
C. 购买股票　　D. 投资开发项目

6. 把债券分为凭证式债券、实物债券和记账式债券，其划分标志是(　　)。

A. 按照发行债券的主体不同　　B. 按计息方式划分
C. 按债券的形式划分　　D. 按债券的偿还方式划分

7. 通常人们所说的无风险债券是(　　)。

A. 金融债券　　B. 政府债券　　C. 企业债券　　D. 国际债券

8. 其信誉高于企业债券而低于政府债券，其利率也相应地介于两种债券利率之间的债券是(　　)。

A. 国家债券　　B. 公司债券　　C. 金融债券　　D. 银行存款

9. 免税优惠是下列哪种债券所特有的(　　)。

A. 政府债券　　B. 银行存款　　C. 企业债券　　D. 金融债券

10. 根据《公司法》的规定，应由国务院证券管理部门批准，发行公司应同时具备发行公司债券和发行股票的条件才能发行的证券是(　　)。

A. 抵押债券　B. 不可转换债券　C. 信用债券　D. 可转换债券

11. 兼具有债券和股票的双重性质，既有债权性，又有股权性的企业债券，叫做(　　)。

A. 可转换债券　B. 信用债券　C. 担保债券　D. 赎回债券

12. 以储蓄为目的的个人投资者理想的投资方式是购买(　　)。

A. 实物债券　B. 凭证式债券　C. 记账式债券　D. 可转换债券

13. 对外投资所形成的资产不能立即变现的风险，被称为(　　)。

A. 违约风险　B. 利率风险　C. 流动性风险　D. 通货膨胀风险

14. 对证券持有人而言，证券发行人无法按期支付利息或偿还本金的风险是(　　)。

A. 流动性风险　B. 利率风险　C. 违约风险　D. 购买力风险

15. 股票的投资收益不包括(　　)。

A. 股利收益　B. 资本利得　C. 转让收益　D. 利息收益

16. 债券到期收益率中的收益是指(　　)。

A. 利息收入　B. 一部分资本收益

C. 买卖中的差价收入

D. 既包括利息收入，又包括一部分资本收益

17. 短期投资的目的是(　　)。

A. 将资金投放于其他企业以谋求经营性收益

B. 将资金分散运用以防范风险

C. 利用控股方式实现企业扩张

D. 利用生产经营暂时闲置资金谋求收益

18. 在各种联营形式中，具有法人资格的联营体是(　　)。

A. 松散型联营　B. 紧密型联营

C. 半紧密型联营　D. 半松散型联营

19. 某公司普通股每股年股利额为5元，企业投资要求得到的收益率为10%，则该普通股的内在价值是(　　)。

A. 0.36元　B. 25元　C. 36元　D. 50元

20. 在企业兼并投资中，对生产或经营同一产品的同行业企业进行的兼并是(　　)。

A. 横向兼并　B. 纵向兼并　C. 混合兼并　D. 联营兼并

## 练习 7-2：多选题

1. 对外投资的目的包括(　　)。

A. 资金保值与增值　　B. 增强市场竞争力
C. 企业扩张与控制　　D. 转移与分散风险

2. 企业兼并的形式多种多样，按双方产品和产业的联系划分为(　　)。
A. 横向兼并　　B. 纵向兼并　　C. 混合兼并
D. 承担债务式　　E. 现金购买式

3. 企业兼并是高风险的经营，在关注各种收益、成本的同时，还应该重视和规避兼并过程中的(　　)风险。
A. 营运风险　　B. 融资风险　　C. 法律风险　　D. 体制风险

4. 对外间接投资的主要形式包括(　　)。
A. 债券投资　　B. 股票投资　　C. 投资基金投资　　D. 联营投资
E. 兼并投资

5. 债券投资要承担的风险主要包括(　　)。
A. 违约风险　　B. 利率风险　　C. 流动性风险　　D. 购买力风险

6. 与股票投资相比，债券投资的优点有(　　)。
A. 本金安全性好　　B. 投资收益率高
C. 购买力风险低　　D. 收入稳定性强

7. 确定债券价值的要素包括(　　)。
A. 债券面值　　B. 偿还期限　　C. 票面利率　　D. 市场利率
E. 发行价格

8. 按照发行债券单位的性质不同，可以将债券划分为(　　)。
A. 政府债券　　B. 金融债券　　C. 公司债券　　D. 国际债券
E. 贴现债券

9. 下列风险中属于系统风险的有(　　)。
A. 违约风险　　B. 利率风险　　C. 购买力风险　　D. 变现力风险

10. 下列指标中，能够反映债券投资收益的是(　　)。
A. 名义收益率　　B. 转让收益率　　C. 最终实际收益率
D. 持有期间收益率　　E. 到期收益率

11. 紧密型联营企业具备的财务特征有(　　)。
A. 联营企业具有法人资格　　B. 实行董事会领导下的经理负责制
C. 按资分红　　D. 所有制性质和隶属关系不变
E. 联营各方以各自所有的财产承担民事责任

12. 企业在进行债券投资时，需要考虑的因素有(　　)。
A. 债券收益率的高低　　B. 是否有其他附加优惠
C. 企业可用资金的期限　　D. 企业拥有资金的性质
E. 债券发行者的信誉

13. 能够使本企业拥有被投资企业所有权的投资活动有(　　)。
A. 租赁投资　　B. 兼并投资　　C. 联营投资　　D. 购买债券
E. 购买股票

14. 企业在对外投资活动中可能会发生各种风险，其中由经济因素引起的风险有(　　)。

A. 利率风险　B. 购买力风险　C. 政治风险　D. 外汇风险
E. 决策风险

15. 股票投资与债券投资相比的主要区别有(　　)。

A. 股票投资比债券投资的投资风险小
B. 股票投资比债券投资的收益波动性大
C. 股票投资比债券投资的价格波动大
D. 企业破产时，股票投资者比债券投资者优先得到清偿
E. 股票投资者有权参与公司经营管理

16. 在企业对外投资形式中，属于直接投资的有(　　)。

A. 购买上市公司的股票　B. 兼并投资
C. 购买其他公司发行的债券　D. 联营投资
E. 购买国库券

17. 企业为了达到控制某公司的目的，通过购买该公司的股票而进行的投资属于(　　)。

A. 股权投资　B. 实物投资　C. 证券投资　D. 短期投资
E. 长期投资

18. 与股票投资相比，债券投资的主要缺点有(　　)。

A. 购买力风险大　B. 流动性风险大
C. 没有经营管理权　D. 投资收益不稳定

19. 关于股票投资的特点，表述不正确的是(　　)。

A. 股票投资收益具有较强的波动性　B. 股票投资的风险性较小
C. 股票投资者的权利最小　D. 股票投资到期要还本付息

20. 对外直接投资方式的特点有(　　)。

A. 变现速度快　B. 与生产经营联系紧密
C. 流动性差　D. 收益稳定
E. 投资回收期长

## 练习 7-3：判断题

1. 债权投资形成企业的所有权，企业能参与被投资企业的管理；股权投资形成企业的债权，没有管理权。(　　)

2. 半紧密型联营体不具备法人资格，各联营方仍然保留法人地位；参与联营的各方共同经营、共同承担民事责任。(　　)

3. 企业以现金、证券或其他形式购买其他企业的产权，使其他企业丧失法人资格或改变法人实体，并取得对这些企业决策控制权的投资行为是联营投资。(　　)

4. 间接投资的投资者，都只享有定期获得一定收益的权利，而无权干预被投资对象对这部分投资的具体运用及其经营管理决策。(　　)

5 投资债券是一种债权投资行为，投资人不能对债券发行企业给予影响和控制，没有经营管理权。(　　)

6. 债券的价格会随着市场的利率的变化而变化。当市场利率上升时，债券价格下降；当市场利率下降时，债券价格上升。(　　)

7. 股票的价值是未来股利和资本利得所形成的现金流入的现值。(　　)

8. 债券投资额是投资时购买债券的金额，包括购买价格和购买时发生的佣金、手续费等。(　　)

9. 股票一旦发售，持有者不能把股票退回给公司，只能通过证券市场上出售而收回本金，但股票发行公司能收回已发行的股票。(　　)

10. 对每年付息一次的债券，当其票面利率大于市场利率时，则债券的发行价格小于其面值。(　　)

11. 国库券的利率是固定的，并且没有违约风险，因而也没有利率风险。(　　)

12. 联营企业的投资形式有股票、货币资金、实物、无形资产。(　　)

13. 债券价格由面值和票面利率决定。(　　)

14. 按投资基金能否赎回，可将其分为封闭型投资基金和开放型投资基金两种类型。(　　)

15. 一般情况下，股票市场价格会随着市场利率的上升而下降，随着市场利率的下降而上升。(　　)

16. 人们在进行财务决策时，之所以选择低风险的方案，是因为低风险会带来高收益，而高风险的方案则往往收益偏低。(　　)

17. 企业破产时，股票投资者比债券投资者优先得到清偿。(　　)

18. 债券的发行主体可以是政府、金融机构或企业(公司)；股票发行主体只能是股份有限公司。(　　)

19. 企业在金融市场上发行股票和债券，从而取得资金的活动是投资活动。(　　)

20. 债券投资收益具有较强的稳定性，通常是事前预定的，这一点尤其体现在一级市场上投资的债券。(　　)

## 练习 7-4：业务题

### 业务题 1

(1)业务资料：某公司刚刚发放的普通股每股股利 5 元，预计股利每年增长 5%，投资者要求的收益率为 10%。

(2)要求：计算该普通股的内在价值。

## 业务题2

(1)业务资料：A企业于1999年1月5日以每张1020元的价格购买B企业发行的利随本清的企业债券。该债券的面值为1000元，期限为3年，票面年利率为10%，不计复利。购买时市场年利率为8%，不考虑所得税。

(2)要求：①利用债券估价模型评价A企业购买此债券是否合算？

②如果A企业于2000年1月5日将该债券以1130元的市价出售，计算该债券的投资收益率。

## 业务题3

(1)业务资料：2002年7月1日某人打算购买大兴公司2001年1月1日以960元价格折价发行的、每张面值为1000元的债券，票面利率为10%，4年到期，到期一次还本付息。

(2)要求：①假定2002年7月1日大兴公司债券的市价为1100元，此人购买后准备持有至债券到期日，计算此人的到期收益率。

②若此人到2002年7月1日以1100元的价格购买该债券，于2004年1月1日以1300元的价格将该债券出售，计算此人持有债券期间的收益率。

③假若此人在2001年1月1日购得此债券，并持有至债券到期日，计算此人的实际收益率。

(计算结果精确到小数点后两位)

## 业务题4

(1)业务资料：一张面值为1000元的债券，票面收益率为12%，期限5年，到期一次还本付息。甲企业于债券发行时以1050元购入并持有到期；乙企业于债券第三年年初以1300元购入，持有三年到期；丙企业于第二年年初以1170元购入，持有两年后，以1300元卖出。

(2)要求：①计算甲企业的最终实际收益率？

②计算乙企业的到期收益率？

③计算丙企业的持有期间收益率。

## 业务题5

(1)业务资料：某企业计划利用一笔长期资金购买一家公司的股票，现有A公司和B公司可供选择。已知A公司股票现行市价为每股9元，上年每股股利为0.15元，预计以后每年以6%的增长率增长；B公司股票现行市价为每股7元，上年每股股利为

0.60元，公司采用稳定的股利政策。该企业所要求的投资收益率为8%。

(2)要求：①计算A、B公司股票的内在价值；

②请代该企业做出股票投资决策；

③假定该企业另有一笔资金准备再投资一只股票。现有C公司和D公司可供选择。已知C公司基年股利为每股6元，预计年股利增长率为6%；D公司基年股利为每股5元，预计年股利增长率为8%。假定企业两年以后转让该股票，预计C公司股票转让价格为每股30元，D公司股票转让价格为每股31元。该企业投资的期望收益率为15%，目前C、D两公司股票现行市价均为每股33元。请代该企业做出股票投资决策。

(计算结果请保留小数点后两位)

## 业务题6

(1)业务资料：甲公司2002年4月8日发行公司债券，债券面值1000元，票面利率10%，5年期。

(2)要求：①假定每年4月8日付息一次，到期按面值偿还。乙公司于2006年4月8日按每张1020元的价格购入该债券，并持有到期。求债券的到期收益率为多少?

②假定该债券到期一次还本付息，单利计息。乙公司于2006年4月8日按每张1380元的价格购入该债券并持有到期。则债券的到期收益率为多少?

③假定该债券每年4月8日付息一次，到期按面值偿还。乙公司2004年4月8日计划购入该债券并持有到期，要求的必要报酬率为12%(可视为市场利率)，则该债券的价格为多少时乙公司可以购入?

**现值系数表**

| 3年 | 10% | 12% |
| --- | --- | --- |
| $PVIF_{i,3}$ | 0.751 | 0.712 |
| $PVIFA_{i,3}$ | 2.487 | 2.402 |

(计算结果保留小数点后2位)

# 学习情境八　收益分配管理

## 练习 8-1：单选题

1. 企业的收益分配有狭义和广义之分，下列各项中，属于狭义收益分配的是(　　)。

A. 企业收入的分配　　B. 企业净利润的分配

C. 企业产品成本的分配　　D. 企业职工薪酬的分配

2. 收益分配的基本原则中，(　　)是正确处理投资者利益关系的关键。

A. 依法分配原则　　B. 兼顾各方面利益原则

C. 分配与积累并重原则　　D. 投资与收益对等原则

3. 在确定企业的收益分配政策时，应当考虑相关因素的影响，其中"资本保全约束"属于(　　)。

A. 股东因素　　B. 公司因素　　C. 法律因素　　D. 债务契约因素

4. 在除息日之前，股利权利从属于股票；从(　　)开始，新购入股票的投资者不能分享本次已宣告发放的股利。

A. 股权登记日　　B. 除息日　　C. 股利发放日　　D. 付息日

5. 以下股利分配政策中，最有利于股价稳定的是(　　)。

A. 剩余股利政策　　B. 固定或稳定增长的股利政策

C. 固定股利支付率政策　　D. 低正常股利加额外股利政策

6. 下列(　　)股利政策是基于股利无关论确立的。

A. 剩余股利政策　　B. 固定或稳定增长股利政策

C. 固定股利支付率政策　　D. 低正常股利加额外股利政策

7. 以下关于企业公司收益分配的说法中正确的有(　　)。

A. 公司持有的本公司股份也可以分配利润

B. 企业在提取公积金前向股东分配利润

C. 公司的初创阶段和衰退阶段都适合采用剩余股利政策

D. 只要有盈余就要提取法定盈余公积金

8. 适用于盈利水平随着经济周期而波动较大的公司或行业的股利分配政策是(　　)。

A. 剩余股利政策　　B. 固定股利政策
C. 固定股利支付率政策　　D. 低正常股利加额外股利政策

9. 以下关于利润分配的描述中，正确的是(　　)。
A. 公司在提取法定公积金之前，应当先用当年利润弥补亏损
B. 法定盈余公积的提取比例为当年税后利润(弥补亏损后)的20%
C. 公司不能从税后利润中提取盈余公积金
D. 有限责任公司和股份有限公司股东都按照实缴的出资比例分红

10. 下列关于股票回购的说法不正确的是(　　)。
A. 公司可以根据资本运作的需要自主确定是否需要回购股票
B. 公司在股票的公开交易市场上按照公司股票当前市场价格回购
C. 公司在特定期间向市场发出以高于股票当前市场价格的某一价格回购既定数量股票的要约
D. 协议回购是公司以协议价格直接向一个或几个主要股东回购股票

11. 适用于盈利水平随着经济周期而波动较大的公司或行业的股利分配政策是(　　)。
A. 剩余股利政策　　B. 固定股利政策
C. 固定股利支付率政策　　D. 低正常股利加额外股利政策

12. 在下列股利分配政策中，能保持股利与利润之间一定的比例关系，并体现风险投资与风险收益对等原则的是(　　)。
A. 剩余股利政策　　B. 固定股利政策
C. 固定股利支付率政策　　D. 低正常股利加额外股利政策

13. 我国上市公司不得用于支付股利的权益资金是(　　)。
A. 资本公积　　B. 任意盈余公积
C. 法定盈余公积　　D. 上年未分配利润

14. 上市公司按照剩余股利政策发放股利的好处是(　　)。
A. 有利于公司合理安排资金结构
B. 有利于投资者安排收入与支出
C. 有利于公司稳定股票的市场价格
D. 有利于公司树立良好的形象

15. 在下列公司中，通常适合采用固定股利政策的是(　　)。
A. 收益显著增长的公司　　B. 收益相对稳定的公司
C. 财务风险较高的公司　　D. 投资机会较多的公司

16. 下列各项中，不属于股票回购方式的是(　　)。
A. 用本公司普通股股票换回优先股
B. 与少数大股东协商购买本公司普通股股票
C. 在市场上直接购买本公司普通股股票
D. 向股东要约回购本公司普通股股票

17. 股利支付率的计算公式是(　　)。

A. 每股收益除以每股股利　B. 每股股利除以每股收益
C. 每股股利除以每股市价　D. 每股收益除以每股市价

18. 在下列各项中，能够增加普通股股票发行在外的股数，但不改变公司资本结构的行为是(　　)。

A. 支付现金股利　B. 增发普通股　C. 股票分割　D. 股票回购

19. 在确定企业的收益分配政策时，应当考虑相关因素的影响，其中“资本保全约束”属于(　　)。

A. 股东因素　B. 公司因素　C. 法律因素　D. 债务契约因素

20. 如果上市公司以其应付票据作为股利支付给股东，则这种支付股利的方式称为(　　)。

A. 现金股利　B. 股票股利　C. 财产股利　D. 负债股利

## 练习 8-2：多选题

1. 以下属于企业收益与分配意义的是(　　)。
A. 收益分配集中体现了企业所有者、经营者与劳动者之间的关系
B. 收益分配是企业再生产的条件以及优化资本结构的重要措施
C. 收益分配是国家建设资金的重要来源之一
D. 收益分配是企业扩大再生产的条件以及优化资本结构的重要措施

2. 企业的收益分配应当遵循的原则包括(　　)。
A. 依法分配原则　B. 投资机会优先
C. 兼顾各方面利益　D. 分配与积累并重

3. 法定盈余公积可用于(　　)。
A. 弥补亏损　B. 扩大公司生产经营
C. 转增资本　D. 职工集体福利

4. 公司选择发放现金股利必须具备的两个条件是(　　)。
A. 要有足够的现金　B. 要有足够的净利润
C. 要有足够的利润总额　D. 要有足够的留存收益

5. 下列关于固定股利支付率政策的说法正确的是(　　)。
A. 使股利和公司盈余紧密结合
B. 有利于传递公司上升发展的信息
C. 公司面临的财务压力较大
D. 制定合适的固定股利支付率难度较大

6. 有利于公司树立良好的形象，增强投资者信心，稳定公司股价的股利政策有(　　)。
A. 剩余股利政策　B. 固定或稳定增长的股利政策
C. 固定股利支付率政策　D. 低正常股利加额外股利政策

7. 股利相关理论认为，企业的股利政策会影响到股票价格和公司价值。主要观点包括(　　)。

A. “手中鸟”理论　　B. 信号传递理论

C. 代理理论　　D. 所得税差异理论

8. 下列各项中属于对公司的利润分配政策产生影响的股东因素有(　　)。

A. 债务因素　B. 控制权　C. 投资机会　D. 避税

9. 下列关于股票回购方式的说法正确的有(　　)。

A. 公司在股票的公开交易市场上按照高出股票当前市场价格的价格回购

B. 公司在股票的公开交易市场上按照公司股票当前市场价格回购

C. 公司在特定期间向市场发出以高于股票当前市场价格的某一价格回购既定数量股票的要约

D. 公司以协议价格直接向一个或几个主要股东回购股票，协议价格一般高于当前的股票市场价格

10. 根据《公司法》规定，下列关于盈余公积金的说法不正确的有(　　)。

A. 只要弥补亏损后，当年的税后利润还有剩余，就必须计提盈余公积金

B. 法定盈余公积的提取比例为当年税后利润(弥补亏损后)的10%

C. 法定盈余公积可用于弥补亏损、扩大公司生产经营或转增资本

D. 用盈余公积金转增资本后，法定盈余公积金的余额不得低于转增后公司注册资本的25%

11. 处于初创阶段的公司，一般不宜采用的股利分配政策有(　　)。

A. 固定股利政策　　B. 剩余股利政策

C. 固定股利支付率政策　　D. 稳定增长股利政策

12. 下列各项中，属于上市公司股票回购动机的有(　　)。

A. 替代现金股利　B. 提高每股收益　C. 规避经营风险　D. 稳定公司股价

13. 上市公司发放股票股利可能导致的结果有(　　)。

A. 公司股东权益内部结果发生变化　B. 公司股东权益总额发生变化

C. 公司每股利润下降　　D. 公司股份总额发生变化

14. 按照资本保全约束的要求，企业发放股利所需资金的来源包括(　　)。

A. 当期利润　B. 留存收益　C. 原始投资　D. 股本

15. 公司在制定利润分配政策时应考虑的因素有(　　)。

A. 通货膨胀因素　B. 股东因素　C. 法律因素　D. 公司因素

16. 股东从保护自身利益的角度出发，在确定股利分配政策时应考虑的因素有(　　)。

A. 避税　B. 控制权　C. 稳定收入　D. 规避风险

17. 从公司角度看，制约股利分配的因素有(　　)。

A. 控制权的稀释　　B. 筹资能力的强弱

C. 盈利的稳定性　　D. 股利的政策惯性

18. 下列哪些情况下，公司会限制股利发放(　　)。

A. 盈利不够稳定　　B. 筹资能力强
C. 投资机会不多　　D. 收益可观但自从流动性差

19. 下列属于股票分割的优点(　　)。
A. 有利于促进股票流通和交易
B. 有助于公司并购政策的实施，增加对被并购方的吸引力
C. 有利于防止被恶意收购
D. 有利于促进新股的发行

20. 股票回购对上市公司的不利影响主要体现为(　　)。
A. 资金紧张，资产流动性降低
B. 削弱了对债权人利益的保障
C. 忽视公司长远的发展，损害公司的根本利益
D. 容易导致公司操纵股价

## 练习 8-3：判断题

1. 根据《公司法》的规定，法定盈余公积的提取比例为当年税后利润的10%。(　　)

2. 股利无关论的假定条件之一是不存在任何公司或个人所得税。(　　)

3. 从理论上说，债权人不得干预企业的资金投向和股利分配方案。(　　)

4. 企业发放股票股利将使企业的利润下降。(　　)

5. 采用固定或稳定增长股利政策公司财务压力较小，有利于股票价格的稳定与上涨。(　　)

6. 剩余股利政策能保持理想的资本结构，使企业价值长期最大化。(　　)

7. 股权登记日在除息日之前。(　　)

8. 协议回购，是指公司以协议价格直接向一个或几个主要股东回购股票。协议价格一般高于当前的股票市场价格。(　　)

9. 在不同规模的投资中心之间进行业绩比较时，使用剩余收益指标优于投资报酬率指标。(　　)

10. 在其他条件不变的情况下，股票分割会使发行在外的股票总数增加，进而降低公司资产负债率。(　　)

11. 根据“无利不分”的原则，当企业出现年度亏损时，一般不得分配利润。(　　)

12. 对于盈余不稳定的公司而言，较多采取低股利政策。(　　)

13. 在连续通货膨胀的条件下，公司应采取偏紧的股利政策。(　　)

14. 负债资金较多，资金结构不健全的企业在选择筹资渠道时，往往将留用利润作为首选，以降低筹资的外在成本。(　　)

15. “在手之鸟”理论的观点认为公司分配的股利越多，公司的股票价格越

高。(　　)

16. 按照股利的所得税差异理论，股利政策与股价相关，由于税赋影响，企业应采取高股利政策。(　　)

17. 企业的衰退阶段应当采用稳定增长型股利政策来吸引股东。(　　)

18. 在除息前，股利权从属于股票；从除息开始，股利权与股票分离。(　　)

19. 采用固定股利支付率政策分配利润时，股利不受经营状况的影响，有利于公司股票价格的稳定。(　　)

20. 执行剩余股利政策，股利发放额不受盈利水平的影响，而是会受投资机会的影响。(　　)

## 练习 8-4：案例分析题

1. 某公司 2005 年度的税后利润为 1200 万元，该年分配股利 600 万元，2007 年拟投资 1000 万元引进一条生产线以扩大生产能力，该公司目标资本结构为自有资金占 80%，借入资金占 20%。该公司 2006 年度的税后利润为 1300 万元。

要求：

(1) 如果该公司执行的是固定股利政策，并保持资本结构不变，则 2007 年度该公司为引进生产线需要从外部筹集多少自有资金?

(2) 如果该公司执行的是固定股利支付率政策，并保持资本结构不变，则 2007 年度该公司为引进生产线需要从外部筹集多少自有资金?

(3) 如果该公司执行的是剩余股利政策，本年不需要计提盈余公积金，则 2006 年度公司可以发放多少现金股利?

2. 某公司年终进行收益分配前的股东权益情况如下表所示：

单位：万元

| | |
|---|---|
| 股本(面值 2 元，已发行 100 万股) | 200 |
| 资本公积 | 400 |
| 未分配利润 | 200 |
| 股东权益合计 | 800 |

回答下列互不关联的两个问题：

(1) 如果公司宣布发放 10% 的股票股利，并按发放股票股利后的股数发放现金股利，每股 0.1 元，发放的股票股利按照面值计价。则计算发放股利后的股东权益各项目的数额；

(2) 如果按照 1 : 2 的比例进行股票分割，计算进行股票分割后股东权益各项目的数额。

3. 某公司2009年实现的净利润为500万元，股利支付率为30%。2010年实现的净利润为600万元。2011年计划增加投资，所需资金为800万元。假定公司目标资本结构为股权资金占全部资金的60%。不考虑计提法定盈余公积的因素。

要求：

(1)在保持目标资本结构的前提下，计算2011年投资方案所需的权益资金数额和债务资金数额；

(2)在保持目标资本结构的前提下，如果公司执行剩余股利政策。计算2010年度应分配的现金股利；

(3)在不考虑目标资本结构的前提下，如果公司执行固定股利政策，计算2010年度应分配的现金股利、可用于2011年投资的留存收益和需要对外筹集的资金额；

(4)在不考虑目标资本结构的前提下，如果公司执行固定股利支付率政策，计算2009年度应分配的现金股利、2010年需要对外筹集的资金额。

4. 甲公司2010年末每股股票市价为16元，每股收益2元，股利支付率为60%，收益分配前的资料如下表：

| | |
|---|---|
| 普通股股本(面值10元，流通在外100万股) | 1000万元 |
| 资本公积 | 800万元 |
| 盈余公积 | 300万元 |
| 未分配利润 | 1800万元 |
| 股东权益合计 | 3900万元 |

请思考：

(1)若发放30%的股票股利(按面值折算)，计算发放股票股利后股东权益各项目数额和每股净资产。

(2)若按1∶4的比例进行股票分割，计算股票分割后普通股股数、每股面值和每股净资产。

(3)若按市价用现金回购20万股股票，假设净利润和市盈率不变，计算股票回购之后的每股收益和每股市价。

(4)若按市价每10股发放2股股票股利，计算发放股票股利后股东权益各项目数额；

5. 甲公司目前发行在外的股数为1000万股，该公司的产品销路稳定，拟投资1200万元，扩大生产能力50%。该公司想要维持目前的50%的负债比率，并想继续执行10%的固定股利支付率政策。该公司2009年的税后利润为500万元。

要求：该公司2009年为扩充上述生产能力必须从外部筹措多少权益资本？

# 学习情境九　财务预算

## 练习 9-1：单选题

1. 财务预算亦称为总预算，可以从(　　)方面总括地反映经营期决策预算与业务预算的结果。

A. 价值和数量　B. 价值　C. 数量　D. 价格

2. 以预算期内正常的、可实现的某一固定业务量水平为唯一基础来编制预算的一种方法称为(　　)。

A. 零基预算　B. 定期预算　C. 静态预算　D. 滚动预算

3. 在下列预算方法中，能够适应多种业务量水平并能克服固定预算方法缺点的是(　　)。

A. 弹性预算方法　B. 增量预算方法　C. 零基预算方法　D. 流动预算方法

4. 下列各项中，不能在销售预算中找到的内容有(　　)。

A. 销售单价　B. 生产数量　C. 销售数量　D. 回收应收账款

5. 下列项目中，原本属于日常业务预算，但因其需要根据现金预算的相关数据来编制因此被纳入财务预算的是(　　)。

A. 财务费用预算　B. 预计利润表　C. 销售费用预算　D. 预计资产负债表

6. 关于预算的编制方法下列各项中正确的是(　　)。

A. 零基预算编制方法适用于非盈利组织编制预算时采用

B. 固定预算编制方法适用于产出较难辨认的服务性部门费用预算的编制

C. 固定预算编制方法适用于业务量水平较为稳定的企业预算的编制

D. 零基预算编制方法适用于业务量水平较为稳定的企业预算的编制

7. 定期预算的优点是(　　)。

A. 远期指导性强　B. 连续性好

C. 便于考核预算执行结果　D. 灵活性强

8. 销售预算中"某期经营现金收入"的计算公式正确的是(　　)。

A. 某期经营现金收入=该期期初应收账款余额+该期含税销售收入−该期期末应收账款余额

B. 某期经营现金收入=该期含税收入×该期预计现销率

C. 某期经营现金收入=该期预计销售收入+该期销项税额

D. 某期经营现金收入=该期期末应收账款余额+该期含税销售收入-该期期初应收账款余额

9. (　　)编制的主要目标是通过制定最优生产经营决策和存货控制决策来合理地利用或调配企业经营活动所需要的各种资源。

A. 投资决策预算　B. 经营决策预算　C. 现金预算　D. 生产预算

10. (　　)就其本质而言属于日常业务预算，但是由于该预算必须根据现金预算中的资金筹措及运用的相关数据来编制，因此将其纳入财务预算范畴。

A. 管理费用预算　B. 经营决策预算

C. 投资决策预算　D. 财务费用预算

11. 不受现有费用项目和开支水平限制，能够调动各方面降低费用的积极性的预算方法是(　　)。

A. 弹性预算　B. 固定预算　C. 零基预算　D. 滚动预算

12. 弹性成本预算业务量变动范围的选择一般来说可定在正常生产能力的(　　)之间，或以历史上最高业务量或最低业务量为其上下限。

A. 50%～100%　B. 70%～100%　C. 70%～120%　D. 50%～120%

13. 可以直接从表中查得各种业务量下成本预算，便于预算的控制和考核的方法是(　　)。

A. 因素法　B. 公式法　C. 列表法　D. 百分比法

14. 运用百分比法编制弹性利润预算的前提条件是(　　)。

A. 销售收入必须在相关范围内变动　B. 销售收入不变

C. 销售收入变动

D. 销售收入的变化影响企业的成本水平

15. 以下(　　)方法特别适用于产出较难辨认的服务性部门费用预算的编制。

A. 增量预算　B. 零基预算　C. 固定预算　D. 弹性预算

16. 以下的关系式中正确的是(　　)。

A. 某种产品预计生产量=预计销售量+预计期末存货量-预计期初存货量

B. 某产品消耗某种直接材料预计需用量=某种产品耗用该材料的实际数量×该产品预算期的预计生产量

C. 某期预计采购金额=预算期企业直接材料采购总成本

D. 某预算期采购现金支出=该期现购材料现金支出

17. 编制弹性成本预算，关键是进行(　　)，将全部成本最终区分为变动成本和固定成本两大类。

A. 弹性成本分析　B. 固定成本分析

C. 变动成本分析　D. 成本性态分析

18. 一般来说，许多企业都经营多品种，在实际工作中，分别按品种逐一编制弹性利润预算是不现实的，(　　)主要适用于多品种经营的企业。

A. 增量预算方法　B. 零基预算方法

C. 销售额百分比法　　　　　　　　　D. 因素法

19. 企业年度各种产品销售业务量为100%时的销售收入为5500万元，变动成本为3300万元，企业年固定成本总额为1100万元，利润为1100万元，则当预计业务量为70%时的利润为(　　)。

A. 540万元　　B. 440万元　　C. 630万元　　D. 680万元

20. 某企业编制第四季度的直接材料消耗与采购预算，预计季初材料存量为500千克，季度生产需用量为2500千克，预计期末存量为300千克，材料采购单价为10元，若材料采购货款有40%当期付清，另外60%在下季度付清，假设不考虑流转税的影响，则该企业预计资产负债表年末“应付账款”项目为(　　)元。

A. 1080　　B. 13800　　C. 23000　　D. 1620

## 练习9-2：多选题

1. 在下列各项预算中，属于财务预算内容的有(　　)。

A. 销售预算　　B. 生产预算　　C. 现金预算　　D. 预计利润表

2. 在全面预算中，属于总预算内容的是(　　)。

A. 产品成本预算　B. 生产预算　　C. 现金预算　　D. 预计利润表

3. 下列说法正确的是(　　)。

A. 总预算包括特种决策预算、日常业务预算与财务预算三大类内容

B. 数量化和可执行性是预算最主要的特征

C. 现金预算在全面预算体系中占有举足轻重的地位

D. 产品成本预算属于业务预算

4. 相对于固定预算方法而言，弹性预算的主要优点是(　　)。

A. 可比性强　　B. 预算范围宽　　C. 连续性强　　D. 远期指导性强

5. 下列各项中，属于增量预算基本假定的是(　　)。

A. 企业现有业务活动是合理的，不需要进行调整；

B. 以现有业务活动和各项活动的开支水平，确定预算期各项活动的预算数

C. 企业现有各项业务的开支水平是合理的，在预算期予以保持

D. 在现有各项业务的开支水平的基础上进行调整

6. 与生产预算有直接联系的预算是(　　)。

A. 直接材料预算　　　　　　　　B. 制造费用预算

C. 销售及管理费用预算　　　　　D. 直接人工预算

7. 下列关于现金预算的说法正确的是(　　)。

A. 编制时需要以业务预算和专门决策预算为基础

B. 现金支出包括经营现金支出和资本性支出

C. 现金收入－现金支出＝现金余缺

D. 现金收入－现金支出＋现金筹措(现金不足时)＝期末现金余额

8. 下列不涉及现金收支的预算有(　　)。

A. 销售预算　　B. 生产预算

C. 产品成本预算　　D. 销售与管理费用预算

9. 编制资产负债预算，所依据的预算有(　　)。

A. 销售预算　B. 现金预算　C. 专门决策预算　D. 利润表预算

10. 只含有实物量指标的预算是(　　)。

A. 现金预算　B. 预计资产负债表　C. 生产预算　D. 销售预算

11. 预算工作的组织包括(　　)。

A. 决策层　B. 管理层　C. 执行层　D. 考核层

12. (　　)是编制全面预算的起点和终点。

A. 生产预算于预计利润表　　B. 销售费用预算与产品成本预算

C. 销售预算与预计资产负债表　　D. 产品成本预算与直接材料预算

13. 编制弹性成本预算的方法主要有(　　)。

A. 因素法　B. 百分比法　C. 公式法　D. 列表法

14. 下列各项中，属于现金预算构成内容的是(　　)。

A. 现金收入　B. 现金投放与筹措　C. 现金支出　D. 现金余缺

15. 目标利润预算方法有(　　)。

A. 量本利分析法　B. 比例预算法　C. 上加法　D. 销售百分比法

16. 下列哪项属于比例预算法(　　)。

A. 成本利润率法　　B. 利润增长百分比法

C. 投资资本回报率法　　D. 销售收入利润率法

17. 从内容上说，预算目标指标体系应包括(　　)。

A. 盈利指标　　B. 规模增长指标

C. 投资与研发指标　　D. 风险控制指标

18. 下列哪项是材料采购预算的要点(　　)。

A. 预算期材料消耗量　　B. 预算期材料采购量

C. 期末材料结存量　　D. 预算期材料采购现金支出

19. 现金预算的内容包括(　　)。

A. 现金收入　　B. 现金支出

C. 现金余缺　　D. 现金投放与筹措

20. 预计利润表预算的依据是(　　)。

A. 业务预算　　B. 专门决策预算

C. 现金预算　　D. 预计资产负债表

## 练习 9-3：判断题

1. 生产预算是在销售预算的基础上编制的。按照“以销定产”的原则，在期初期末

存货量相等的情况下，生产预算中各季度的预计生产量应该等于各季度的预计销售量。(　　)

2. 企业编制预算，一般应按照“上下结合、分级编制、逐级汇总”的程序进行。(　　)

3. 滚动预算也称连续预算或变动预算。(　　)

4. 在编制弹性成本预算时，业务量的可能是生产量、销售量、机器工时等。(　　)

5. 现金预算的编制流程包括：编制销售预算、编制生产预算、编制直接材料预算、编制制造费用预算、编制销售及管理费用预算等，但是不包括编制专门决策预算等。(　　)

6. 财务预算具有资源分配的功能。(　　)

7. 滚动预算又称滑动预算，是指在编制预算时，将预算期与会计年度脱离，随着预算的执行不断延伸补充预算，逐期向后滚动，使预算期永远保持为一个固定期间的一种预算编制方法。(　　)

8. 弹性利润预算编制的百分比法适用于单一品种经营或采用分算法处理固定成本的多品种经营的企业。(　　)

9. 增量预算与零基预算相比能够调动各部门降低费用的积极性。(　　)

10. 生产预算是预算编制的起点。(　　)

11. 根据“以销定产”原则，某期的预计生产量应当等于该期预计销售量。(　　)

12. 经营决策预算除个别项目外一般不纳入日常业务预算，但应计入与此有关的现金预算与预计资产负债表。(　　)

13. 预计资产负债表是以货币形式综合反映预算期内企业经营活动成果计划水平的一种财务预算。(　　)

14. 弹性成本预算编制的列表法不能包括所有业务量条件下的费用预算，适用面较窄。(　　)

15. 现金预算中的现金支出既包括经营性现金支出，有包括资本性现金支出。(　　)

16. 零基预算不是以现有费用水平为前提编制的，而是一切从零重新编制。(　　)

17. 滚动预算方法编制预算的主要缺点是工作量较大。(　　)

18. 生产预算是所有日常业务预算中唯一只使用实物量单位的预算。(　　)

19. 通过调整有关原有费用项目而编制预算的方法是增量预算方法，这种预算方法有可能会导致原来不合理的开支依然存在。(　　)

20. 根据预算编制的业务量的不同，可以将预算编制方法分为固定预算方法和零基预算方法两大类。(　　)

# 练习 9-4：业务题

## 业务题 1

【资料】某公司生产和销售 A 产品，计划期 2010 年四个季度的预计销售量分别为 2000 件、2500 件、1800 件和 2400 件；A 产品预计单位售价为 80 元。假设每季度销售收入中，本季度收到现金 60%，另外 40%要到下季度才能收回。上年末应收账款余额为 55000 元，增值税税率为 17%。

【要求】根据以上资料，编制 2010 年销售预算及预计现金收入表，并计算 2010 年末应收账款余额。

## 业务题 2

【资料】某企业预计 A 产品在预算年度的销售量在 900 ~ 2500 件之间变动，产品销售单价为 100 元；单位变动成本为 65 元；固定成本总额为 8000 元。预计计划年度的实际产量为 1700 件，但由于市场波动较大，实际产量可能与预计产量发生偏离。

【要求】请根据上述资料以 400 件为销售量的间隔单位编制该产品的弹性利润预算表。

## 业务题 3

【资料】某公司甲车间采用滚动预算方法编制制造费用预算。已知 2012 年分季度的制造费用预算如下（其中间接材料费用忽略不计）：

**2012 年全年制造费用预算**　　单位：元

| 项　目 | 2012 年度 | | | | 合计 |
|---|---|---|---|---|---|
| | 第 1 季度 | 第 2 季度 | 第 3 季度 | 第 4 季度 | |
| 直接人工预算总工时（小时） | 11400 | 12060 | 12360 | 12600 | 48420 |
| 变动制造费用 | | | | | |
| 间接人工费用 | 50160 | 53064 | 54384 | 55440 | 213048 |
| 水电与维修费用 | 41040 | 43416 | 44496 | 45360 | 174312 |
| 小　计 | 91200 | 96480 | 98880 | 100800 | 387360 |
| 固定制造费用 | | | | | |
| 设备租金 | 38600 | 38600 | 38600 | 38600 | 154400 |
| 管理人员工资 | 17400 | 17400 | 17400 | 17400 | 69600 |
| 小　计 | 56000 | 56000 | 56000 | 56000 | 224000 |
| 制造费用合计 | 147200 | 152480 | 154880 | 156800 | 611360 |

2012 年 3 月 31 日公司在编制 2012 年第 2 季度～2013 年第 1 季度滚动预算时，发现未来的四个季度中将出现以下情况：

(1)间接人工费用预算工时分配率将上涨 50%；

(2)原设备租赁合同到期，公司新签订的租赁合同中设备年租金将降低 20%；

(3)预计直接人工总工时见“2012 年第 2 季度～2013 年第 1 季度制造费用预算”表。假定水电与维修费用预算工时分配率等其他条件不变。

【要求】(1)以直接人工工时为分配标准，计算下一滚动期间的间接人工费用预算工时分配率和水电与维修费用预算工时分配率；

(2)根据有关资料计算下一滚动期间的间接人工费用总预算额和每季度设备租金预算额；

(3)计算填列下表中用字母表示的项目(可不写计算过程)：

**2012 年第 2 季度—2013 年第 1 季度制造费用预算** 单位：元

| 项　目 | 2012 年度 | | | 2013 年度 | 合计 |
|---|---|---|---|---|---|
| | 第 2 季度 | 第 3 季度 | 第 4 季度 | 第 1 季度 | |
| 直接人工预算总工时(小时) | 12100 | (略) | (略) | 11720 | 48420 |
| 变动制造费用 | | | | | |
| 间接人工费用 | A | (略) | (略) | B | (略) |
| 水电与维修费用 | C | (略) | (略) | D | (略) |
| 小　计 | (略) | (略) | (略) | (略) | 493884 |
| 固定制造费用 | | | | | |
| 设备租金 | E | (略) | (略) | (略) | (略) |
| 管理人员工资 | F | (略) | (略) | (略) | (略) |
| 小　计 | (略) | (略) | (略) | (略) | (略) |
| 制造费用合计 | 171700 | (略) | (略) | (略) | 687004 |

## 业务题 4

【资料】某企业有关预算资料如下：

(1)该企业 3～7 月份的销售收入分别为 40000 元、50000 元、60000 元、70000 元、80000 元。当月收到现金 30%，下月收到现金 70%。

(2)各月商品采购成本按下一个月销售收入的 60%计算，所购货款于当月支付现金 50%，下月支付现金 50%。

(3)该企业 4～6 月份的销售及管理费用分别为 4000 元、4500 元、4200 元，每月销售及管理费用中包括折旧费 1000 元。

(4)该企业4月份购置固定资产，需要现金15000元。

(5)该企业在现金不足时，向银行借款(为1000元的倍数)，短期借款利率为6%；现金有多余时，归还短期借款(为1000元的倍数)。借款在期初，还款在期末，3月末的长期借款余额为20000元，借款年利率12%，短期借款余额为0。假设所有借款均于每季度末支付利息。

(6)该企业规定的现金余额的额定范围为6000～7000元，该企业消费税率为8%，

【要求】根据以上资料，完成该企业4～6月份现金预算的编制工作。

**现金预算**

| 月　　份 | 4月 | 5月 | 6月 |
|---|---|---|---|
| 期初现金余额 | 7000 | | |
| 经营现金收入 | | | |
| 租金收入 | 10000 | 10000 | 5000 |
| 直接材料采购支出 | | | |
| 直接工资支出 | 2000 | 3500 | 2800 |
| 销售及管理费用支出 | | | |
| 其他付现费用 | 800 | 900 | 750 |
| 应交消费税额 | | | |
| 预交所得税 | | | 8000 |
| 购置固定资产 | 15000 | 20000 | |
| 现金余缺 | | | |
| 举借短期借款 | | | |
| 归还短期借款 | | | |
| 支付借款利息 | | | |
| 期末现金余额 | | | |

## 业务题5

【资料】某公司生产女套装，每套消耗布料成本184元，直接人工成本为25.6元，变动制造费用为6.4元，每年固定制造费用为186000元。预计2011年生产20000套，但由于市场波动较大，实际产量可能与预计产量发生偏离，故编制实际产量为预计产量的90%～110%的弹性预算，相关数据见下表：

**生产成本弹性预算表**

| 项目 | 行次 | 业务量1 | 业务量2 | 业务量3 | 业务量4 | 业务量5 |
|---|---|---|---|---|---|---|
| 生产量(件) | | | | | | |
| 直接材料 | | | | | | |
| 直接人工 | | | | | | |
| 变动制造费用 | | | | | | |
| 小计 | | | | | | |
| 固定制造费用 | | | | | | |
| 总成本 | | | | | | |

【要求】编制该公司生产成本的弹性预算。

# 学习情境十　财务分析

## 练习 10-1：单选题

1．财务报表中投资人是指(　　)。

A．社会公众　B．优先股东　C．金融机构　D．普通股东

2．财务分析的主要依据是(　　)。

A．财务报表　B．审计报表　C．预算报表　D．清算报表

3．在企业编制的报表中，反映企业财务状况变动的报表是(　　)。

A．资产负债表　B．利润表

C．现金流量表　D．所有者权益变动表

4．下列选项中属于经营活动产生的现金流量是(　　)。

A．借款所收到的现金　B．购买商品支付的现金

C．购置固定资产收回的现金净额　D．分配股利所支付的现金

5．提高企业营业利润的方式可以通过(　　)。

A．增加营业外收入　B．降低营业外支出

C．降低所得税　D．增加销售收入

6．下列可用于短期偿债能力的比率分析的是(　　)。

A．资产负债比率　B．所有者权益比率

C．流动比率　D．权益乘数

7．在下列内容中，不属于速动资产的项目是(　　)。

A．现金　B．短期投资　C．应收票据　D．存货

8．如果企业速动比率很小，下列结论成立的是(　　)。

A．企业流动资产占用过多　B．企业短期偿债能力很强

C．企业短期偿债风险很大　D．企业资产流动性很强

9．某企业采用备抵法核算坏账，按照规定程序核销坏账10000元，假设该企业原来的流动比率为2.5，速动比率为1.5，核销坏账后(　　)。

A．流动比率和速动比率都增加　B．流动比率和速动比率都降低

C．流动比率和速动比率都不变　D．流动比率降低、速动比率增加

10．甲企业年初流动比率为2.2，速动比率为1，年末流动比率为2.5，速动比率为

0.5，发生这种变化的原因是(　　)。

A. 当年存货增加　　B. 应收账款增加

C. 应付账款增加　　D. 应收账款周转加快

11. 应收账款周转率中的应收账款应为(　　)。

A. 未扣除坏账准备的

B. “应收账款”账户的期末余额

C. 扣除坏账准备后的全部赊销账款净额

D. 仅在本年度发生的应收账款

12. 某企业应收账款周转次数为4.8次，如果一年按照360天计算，则应收账款周转天数为(　　)。

A. 65天　　B. 70天　　C. 75天　　D. 85天

13. 下列经济业务中会影响企业资产负债率的是(　　)。

A. 以固定资产的账面价值对外进行长期投资

B. 收回应收账款

C. 接受投资者以固定资产进行的投资

D. 用现金购买股票

14. 某公司流动资产比率为30%，固定资产比率为50%，则流动资产与固定资产的比率为(　　)。

A. 167%　　B. 120%　　C. 80%　　D. 60%

15. 在资金需求量一定的情况下，提高(　　)意味着企业对短期借入资金依赖性的降低，从而减轻企业的当期偿债压力。

A. 资产负债比率　　B. 长期负债比率

C. 营运资金与长期负债比率　　D. 利息保障倍数

16. 总资产报酬率是企业(　　)与平均资产总额的比率。

A. 利润总额　　B. 息税前利润　　C. 净利润　　D. 未分配利润

17. 下列经济业务中，会引起总资产周转率指标上升的是(　　)。

A. 借入一笔流动资金借款　　B. 销售产品取得收入

C. 用银行存款购入一台汽车　　D. 用银行存款支付了一年的电话费

18. 销售毛利率=1-(　　)。

A. 变动成本率　　B. 销售成本率　　C. 成本费用率　　D. 销售利润率

19. 下列权益乘数表述不正确的是(　　)。

A. 权益乘数=所有者权益/资产　　B. 权益乘数=1/(1-资产负债率)

C. 权益乘数=资产/所有者权益　　D. 权益乘数=1+产权比率

20. 在财务分析中，最关心企业资本保值增值状况和盈利能力的利益主体是(　　)。

A. 企业所有者　　B. 企业经营决策者

C. 企业债权人　　D. 政府经济管理机构

# 练习 10-2：多选题

1. 财务分析的主要方法有(　　)。
   A. 比率分析法　B. 比较分析法　C. 趋势分析法　D. 因素分析法
2. 在财务分析中，经常运用的相关比率有(　　)。
   A. 偿债能力比率　B. 营运能力比率　C. 盈利能力比率　D. 结构比率
3. 关于货币资金，下列说法正确的是(　　)。
   A. 货币资金包括库存现金、银行存款和其他货币资金。
   B. 信誉好的企业没必要持有大量的货币资金。
   C. 企业不仅应保持一定量的货币资金，而且越多越好。
   D. 货币资金本身就是现金，无需变现。
4. 短期偿债能力指标主要有(　　)。
   A. 流动比率　B. 速动比率　C. 现金比率　D. 营运比率
5. 应收账款周转率高，说明(　　)。
   A. 收款迅速，账龄较短　B. 资产流动性强，短期偿债能力强
   C. 库存现金增加　D. 营业现金减少
6. 下列说法错误的是(　　)。
   A. 流动比率高可以说明企业有足够的现金来还债。
   B. 流动比率等于或稍大于 1 比较合适。
   C. 速动比率代表了直接的偿债能力。
   D. 现金比率是货币资金与流动负债的比。
7. 影响资产管理效果的财务比率是(　　)。
   A. 营业周期　B. 存货周转率　C. 应收账款周转率　D. 资产负债率
8. 可以提高产品销售收入的途径有(　　)。
   A. 扩大销售数量　B. 改善品种结构
   C. 适当提高单位售价　D. 降低单位生产成本
9. 企业的期间费用包括(　　)。
   A. 销售费用　B. 原材料费用　C. 管理费用　D. 财务费用
10. 现金流量结构分析的目的有(　　)。
    A. 了解现金主要来自哪里
    B. 了解现金主要用往何处
    C. 了解影响现金变动的因素及其变动程度
    D. 了解现金及现金等价物净增加额的构成情况
11. 下列财务比率中，比率越高，直接说明企业长期偿债能力越强的有(　　)。
    A. 净资产收益率　B. 资产负债率
    C. 利息保障倍数　D. 所有者权益比率

12. 对企业管理者而言，进行资产结构和资产管理效果分析的意义主要体现在(　　)。

A. 优化资本结构　　B. 改善财务状况

C. 加速资金周转　　D. 减少资产经营风险

13. 提高应收账款周转率有助于(　　)。

A. 加快资金周转　　B. 提高生产能力

C. 增强短期偿债能力　　D. 减少坏账损失

14. 营运能力比率主要包括(　　)。

A. 存货周转率　　B. 应收账款周转率

C. 资产负债率　　D. 营业增长率

15. 企业盈利能力的一般分析指标有(　　)。

A. 成本利润率　　B. 总资产报酬率

C. 主营业务收入利润率　　D. 资本保值增值率

16. 权益净利率在杜邦分析体系中是个综合性最强、最具有代表性的指标，通过对改进的分析体系分析可知，提高权益净利率的途径包括(　　)。

A. 加强销售管理，提高经营利润率

B. 加强净经营资产管理，提高其利用率和周转率

C. 合理利用负债，降低净财务杠杆

D. 合理利用负债，降低净利息率

17. 在传统杜邦分析体系中，假设其他情况相同，下列说法中正确的是(　　)。

A. 权益乘数大则财务风险大　　B. 权益乘数大则权益净利率大

C. 权益乘数等于资产权益率的倒数　　D. 权益乘数大则资产净利率大

18. 为提高资产经营盈利能力，企业应采取的措施是(　　)。

A. 提高商品经营盈利能力　　B. 优化资本结构

C. 优化资产结构　　D. 加速资金周转

19. 常用的因素分析法主要有(　　)。

A. 主次因素分析法　　B. 因果分析法

C. 平行影响分析法　　D. 连环替代法

20. 下列关于沃尔评分法的描述中，正确的有(　　)。

A. 沃尔评分法又叫综合评分法

B. 沃尔评分法说明了指标标准值是如何确定的

C. 沃尔评分法证明了各个财务比率所占权重的合理性

D. 根据沃尔评分法计算得到的综合得分大大低于100分，则说明企业的财务状况较差

# 练习 10-3：判断题

1．一般情况下，流动比率越低，反映短期偿债能力强，短期债权人越不放心。(　　)

2．流动比率，对于管理者来讲，过高或过低都是不合适的。如果过低，则可能是因应收账过多，存货呆滞、积压而导致的结果。(　　)

3．对企业来说，应加快存货周转，存货周转次数越高越好。(　　)

4．速动比率过低，说明企业可能因拥有过多的货币性资产而丧失一些有利的投资获利机会。(　　)

5．产权比率过高，说明企业长期偿债能力太弱，债权人不安全。(　　)

6．资产周转次数越少，周转速度越快，表明营运能力越强。(　　)

7．应收账款周转率低，表明可以减少收账费用和坏账损失，从而相对增加企业流动资产的投资收益。(　　)

8．企业财务综合评价的主要内容是评价企业的盈利能力、偿债能力和成长能力，其中盈利能力是最重要的方面。(　　)

9．现金比率是指经营现金流量与流动负债的比。(　　)

10．总资产报酬率一般是越低越好，它表明企业获利能力强，运用全部资产所获得的经济效益好，经营管理水平高。(　　)

11．普通股权益报酬率与净资产收益率是相同的。(　　)

12．权益乘数越高，则财务杠杆程度越低，偿债能力相对越弱。(　　)

13．比率分析法是通过计算财务指标比率，来确定财务活动变动程度的一种分析方法。(　　)

14．息税前利润是指债务利息与所得税前的正常的业务经营利润。(　　)

15．净资产收益率是评价企业自有资本及其累积获取报酬水平的最具综合性与代表性的指标，反映企业资本运营的综合效益。(　　)

16．股东权益报酬率是一个综合性最强的财务比率，是杜邦体系的核心。(　　)

17．产权比率为 4/5，则权益乘数为 5/4。(　　)

18．分析企业的长期偿债能力除了关注企业资产和负债的规模与结构外，还需要关注企业的盈利能力。(　　)

19．营业周期与流动比率之间的关系是：营业周期越短，正常的流动比率就越高；营业周期越长，正常的流动比率就越低。(　　)

20．总资产增长率指标越高，表明企业一个经营周期内资产经营规模扩张的速度越快，企业发展后劲也就越大。(　　)

# 练习 10-4：业务题

1. 甲公司 2011 年 12 月 31 日简化的资产负债表见表 10-1。

表 10-1

| 项目 | 年初数 | 年末数 | 项目 | 年初数 | 年末数 |
|---|---|---|---|---|---|
| 流动资产合计 | 560 | 640 | 流动负债 | 180 | 200 |
| 应收账款 | 200 | 220 | 长期负债 | 200 | 240 |
| 其他速动资产 | 120 | 160 | 负债合计 | 380 | 440 |
| 存货 | 240 | 260 | 股东权益 | 620 | 660 |
| 非流动资产 | 440 | 460 | | | |
| 资产总计 | 1000 | 1100 | 权益总计 | 1000 | 1100 |

要求：根据表 10-1 计算该公司 2011 年年末的流动比率、速动比率、资产负债率和产权比率。

2. 接上题，甲公司 2011 年度简化的损益表见表 10-2。

表 10-2

| 项目 | 本年累计 |
|---|---|
| 一、销售收入 | 28000 |
| 销售成本 | 19600 |
| 销售税金 | 2800 |
| 销售费用 | 400 |
| 管理费用 | 1040 |
| 财务费用(利息费用) | 38 |
| 二、营业利润 | |
| 投资收益 | 42 |
| 营业外收支净额 | 5 |
| 三、利润总额 | |
| 所得税(25%) | |
| 四、净利润 | |

要求：(1)完成表10-2。

(2)根据表10-1、表10-2，计算该公司2011年的销售毛利率、销售净利率、资产净利率、权益乘数、权益净利率。

3. 某公司2008年度销售收入净额为3000万元。年初应收账款余额为150万元，年末应收账款余额为250万元，每年按360天计算，要求计算该公司应收账款周转率、应收账款周转天数。

4. ABC公司连续三年的主要资产及主营业务收入的数据如表10-3所示。

表10-3　　　　单位：元

| 项　目 | 2009年 | 2010年 | 2011年 |
| --- | --- | --- | --- |
| 应收账款 | 470180 | 703760 | 601290 |
| 存货 | 569500 | 781410 | 600130 |
| 流动资产 | 3723320 | 3380450 | 1781050 |
| 固定资产 | 2162340 | 2002350 | 1872340 |
| 总资产 | 5923800 | 6813560 | 6191240 |
| 主营业务收入 | 3724000 | 4792330 | 5091110 |

要求：对各项资产周转率进行趋势分析。

5. D公司为一家上市公司，已公布的公司2009年财务报告显示，该公司销售净利率为12%，总资产周转率为0.6次，权益乘数为1.8，计算D公司2009年净资产收益率。

# 参考答案

## 学习情境一　财务管理的概念和内容

### 练习1-1：单选题

1. A　2. B　3. B　4. C　5. D　6. C　7. A　8. B　9. C
10. D　11. A　12. A　13. A　14. A　15. A　16. B　17. C　18. B
19. D　20. A

### 练习1-2：多选题

1. ABCD　2. AC　3. AD　4. AB　5. ABCD　6. ABCD
7. ABD　8. ABCD　9. AD　10. ACD　11. ABCD　12. ABCD
13. ABCD　14. BD　15. ABC　16. ABCD　17. ABD　18. ACD
19. ABCD　20. ABCD

### 练习1-3：判断题

1. ×　2. ✓　3. ✓　4. ✓　5. ×　6. ✓　7. ×　8. ✓
9. ×　10. ×　11. ×　12. ✓　13. ✓　14. ✓　15. ✓　16. ×
17. ✓　18. ✓　19. ×　20. ✓

## 学习情境二　财务管理基础观念

### 练习2-1：单选题

1. B　2. C　3. A　4. D　5. C　6. B　7. C　8. C　9. A

10. B　11. D　12. B　13. D　14. A　15. C　16. A　17. D　18. A
19. B　20. A

## 练习 2-2：多选题

1. BCDE　2. ABD　3. BCD　4. ABCD　5. ABCD　6. AC
7. ABCD　8. AC　9. BC　10. BC　11. BCD　12. CD
13. CD　14. BC　15. ACD　16. ACD　17. ABD　18. AD
19. ABC　20. ABC

## 练习 2-3：判断题

1. ×　2. ×　3. ×　4. ×　5. ×　6. ✓　7. ×　8. ×
9. ✓　10. ✓　11. ✓　12. ×　13. ×　14. ×　15. ✓　16. ×
17. ×　18. ✓　19. ×　20. ×

## 练习 2-4：业务题

业务题 1

王先生付款的现值为 1150 万元

黄先生付款的现值为 $1500\times(P/F, 10\%, 3)=1500\times0.7513=1126.95$ 万元

因此应将别墅售给王先生。

业务题 2

甲银行的实际利率为

$$(1+i_{甲})=\left(1+\frac{4\%}{4}\right)^4$$

$$i_{甲}=406\%$$

乙银行的实际利率为

$$(1+i_{乙})=\left(1+\frac{3.9\%}{12}\right)^{12}$$

$$i_{乙}=3.97\%$$

因为甲银行的实际利率高，所以应该选择甲银行。

业务题 3

$$10\times(F/P,5\%,16)=A(F/A,8\%,16)$$

$$10\times2.1829=30.324\cdot A$$

$$A=1.39\text{ 万元}$$

业务题 4

因为计息期为一个月，期数为 240，所以

$$\left(P/A,\frac{6\%}{12},240\right)=\frac{1-(1+0.5\%)^{-240}}{0.5\%}=139.58$$

$A=2865.74$ 元

业务题 5

甲方案：

$$\overline{E}(X_i)=0.3\times40\%+0.5\times20\%=22\%$$

$$\sigma=\sqrt{(40\%-22\%)^2\times0.3+(20\%-22\%)^2\times0.5}=9.960\%$$

$$V_\sigma=1.964\%\div22\%=0.089$$

$$R_r=0.089\times8\%=0.71\%$$

乙方案：

$$\overline{E}(X_i)=0.3\times50\%+0.5\times20\%+0.2\times15\%=28\%$$

$$\sigma=\sqrt{(50\%-28\%)^2\times0.3+(20\%-28\%)^2\times0.5+(15\%-28\%)^2\times0.2}=2.11\%$$

$$V_\sigma=2.11\%\div28\%=0.075$$

$$R_r=0.075\times9\%=0.68\%$$

丙方案：

$$\overline{E}(X_i)=0.3\times60\%+0.5\times20\%+0.2\times(-30\%)=22\%$$

$$\sigma=\sqrt{(60\%-22\%)^2\times0.3+(20\%-22\%)^2\times0.5+(-30\%-22\%)^2\times0.2}$$
$$=10.06\%$$

$$V_\sigma=10.06\%\div22\%=0.4573$$

$$R_r=0.4573\times10\%=4.57\%$$

从以上分析可以看出，应选乙方案。

业务题 6

方案(1) = $20\times[(P/A,10\%,10-1)+1]=20\times(5.759+1)=20\times6.759=135.18$(万元)

方案(2) = $25\times(P/A,10\%,10)\times(P/F,10\%,3)=25\times6.145\times0.751=115.38$(万元)

该公司应选择第二种方案。

注：方案(1)为即付年金，方案(2)为递延年金，对于递延年金关键是正确确定递延期 $S$，方案(2)从第 5 年开始，每年年初支付，即从第 4 年末开始有支付，则没有收支的期限，即递延期为 3。

# 学习情境三　筹资管理

## 练习 3-1：单选题

1. C　2. D　3. C　4. B　5. B　6. C　7. B　8. D　9. C

10. D　11. B　12. A　13. C　14. D　15. A　16. C　17. D　18. B
19. C　20. B

## 练习3-2：多选题

1. AD　2. BC　3. BCD　4. AB　5. ABCD　6. BC
7. BC　8. ABC　9. ABCD　10. ABCD　11. AD　12. ABCD
13. BC　14. ABCD　15. ABCD　16. ACD　17. ABCD　18. ABC
19. BD　20. ABCD

## 练习3-3：判断题

1. ✓　2. ✓　3. ✕　4. ✓　5. ✕　6. ✓　7. ✕　8. ✓
9. ✓　10. ✓　11. ✕　12. ✓　13. ✓　14. ✕　15. ✓　16. ✕
17. ✓　18. ✓　19. ✕　20. ✓

## 练习3-4：计算分析题

1.

(1)预计销售额增长率

销售额增长率=(5000-4000)/4000=25%

(2)随销售额变动而变动的资产和负债项目

**光华公司销售百分比表**

| 资　产 | 金　额 | 占销售收入的百分比 | 负债与权益 | 金　额 | 占销售收入的百分比 |
|---|---|---|---|---|---|
| 货币资金 | 160 | | 应交税费 | 160 | 4 |
| 应收账款 | 480 | 4 | 应付账款 | 320 | 8 |
| 存　货 | 960 | 12 | 短期借款 | 800 | 不变动 |
| 固定资产 | 1280 | 24 | 应付债券 | 320 | 不变动 |
| | | 不变动 | 实收资本 | 960 | 不变动 |
| | | | 留存收益 | 320 | 不变动 |
| 合　计 | 2880 | 40 | 合　计 | 2880 | 12 |

(3)对外资金需求数量

(5000-4000)×40%-(5000-4000)×12%-4000×10%×14%=120(万元)

2.

(1)每万元销售收入占变动资金 $=\frac{320-220}{6500-4000}=0.04$(万元)

每万元销售收入占不变动资金总额 $=320-0.04\times6500=60$(万元)

(2)如果2010年的预计销售收入为7000万元，2010年资金需求量

2010年资金需求量 $=60+0.04\times7000=340$(万元)

3.

收款法的实际利率=名义利率=12%

贴现法的实际利率 $=(500000\times14\%)/[500000\times(1-14\%)]=16.28\%$

补偿性余额实际利率 $=(500000\times22\%)/500000\times(1-35\%)=14.3\%$

三种方法中采取收款法其实际利率最低，因此选用A方案对公司最有利。

4.

(1)该公司每年年末应支付的等额租金

$A=100000/(P/A,28\%,5)=100000/2.532=39494.47$(元)

(2)该公司每年年初应支付的等额租金

$A=100000/[(P/A,28\%,5-1)+1]==100000/(2.241+1)=30854.67$(元)

5.

(1)债券发行价格

$=1000\times7\%\times(P/A,8\%,10)+1000/(1+8\%)^{10}$

$=70\times6.7101+1000\times0.4632$

$=932.91$(元)

(2)债券发行价格

$=1000\times7\%\times(P/A,7\%,10)+1000/(1+7\%)^{10}$

$=70\times7.0236+1000\times0.5083$

$\approx1000$(元)

(3)债券发行价格

$=1000\times7\%\times(P/A,4\%,10)+1000/(1+4\%)^{10}$

$=70\times8.1109+1000\times0.6756$

$\approx1243.36$(元)

# 学习情境四 资金成本和资金结构

## 练习4-1：单选题

1. A 2. A 3. C 4. B 5. A 6. B 7. D 8. A 9. C

10. C 11. B 12. A 13. C 14. D 15. D 16. C 17. B 18. A

19. D　20. D

## 练习 4-2：多选题

1. BC　2. ACD　3. ABCD　4. ABC　5. CDE　6. ABC
7. AC　8. AB　9. AC　10. ABCD　11. AB　12. ABCD
13. BCD　14. ABC　15. ABCE　16. ABD　17. ABCD　18. AD
19. BCD　20. AB

## 练习 4-3：判断题

1. ×　2. ×　3. ×　4. ×　5. ×　6. ✓　7. ✓　8. ×
9. ×　10. ✓　11. ×　12. ✓　13. ×　14. ×　15. ×　16. ×
17. ×　18. ✓　19. ×　20. ×

## 练习 4-4：计算分析题

1. (1)①200 万股；②80 万元(2)160 万元(3)①1760 万元②筹资决策：选方案二。

2. (1)经营杠杆系数=1.67　财务杠杆系数=1.8　复合杠杆系数=3

(2)每股收益增长率=18%

3. (1)股利折现模型：

普通股成本=0.8/[8×(1-6%)]×100%+2%=12.64%

(2)资本资产定价模型：

普通股成本=Rf+β(Rm-Rf)=8%+1.2×(12%-8%)=12.8%

(3)无风险利率加风险溢价法：

普通股成本=无风险利率+风险溢价=8%+4%=12%

4. (1)根据企业成本习性模型可知，该企业的固定成本为 15000 元，单位变动成本为 4 元，所以 2005 年该企业的边际贡献总额=10000×8-10000×4=40000(元)

(2)2005 年该企业的息税前利润=40000-15000=25000(元)

(3)2006 年的经营杠杆系数=40000÷25000=1.6

(4)2006 年的息税前利润增长率=1.6×15%=24%

(5)2006 年的财务杠杆系数=25000/[25000-5000-300/(1-40%)]=1.28

2006 年的复合杠杆系数=1.6×1.28=2.05

或 2006 年的复合杠杆系数=40000/[25000-5000-300/(1-40%)]=2.05

5. (1)普通股筹资与债券筹资的每股收益无差别点：

(EBIT-30)×(1-30%)/(12+6)=(EBIT-30-300×10%)×(1-30%)/12

EBIT=120(万元)

普通股筹资与优先股筹资的每股收益无差别点：

(EBIT−30)×(1−30%)/(12+6)=[(EBIT−30)×(1−30%)−300×12%]/12

EBIT=184.29(万元)

(2)扩大业务后各种筹资方式的每股利润分别为:

增发普通股：每股利润=(300−30)×(1−30%)/(12+6)=10.5(元/股)

增发债券：每股利润=(300−30−300×10%)×(1−30%)/12=14(元/股)

发行优先股：每股利润=[(300−30)×(1−30%)−300×12%]/12=12.75(元/股)

因为增发债券的每股利润最大，所以企业应当选择债券筹资方式。

# 学习情境五　项目投资管理

## 练习5-1：单选题

1.【正确答案】D

【答案解析】本题考点是项目投资的基本概念。项目计算期是指投资项目从投资建设开始到最终清理结束整个过程的全部时间，包括建设期和运营期。运营期又包括试产期和达产期两个阶段。

2.【正确答案】D

【答案解析】净现值属于动态评价指标、正指标和主要指标。

3.【正确答案】A

【答案解析】投资按投资行为的介入程度，分为直接投资和间接投资。

4.【正确答案】C

【答案解析】投产第一年的流动资金需用额=50−25=25(万元)；首次流动资金投资额=25−0=25(万元)；投产第二年的流动资金需用额=65−30=35(万元)；第二年流动资金投资额=35−25=10(万元)。

5.【正确答案】B

【答案解析】年经营净现金流量=(180−60−40)×(1−25%)+40=100(万元)。

6.【正确答案】B

【答案解析】总投资收益率=年息税前利润或年平均息税前利润/项目总投资×100%，从上式可以看出，总投资收益率指标不受建设期长短、投资回收时间先后及现金流量大小影响。

7.【正确答案】A

【答案解析】原始投资=每年现金净流量×年金现值系数。

则：年金现值系数=原始投资÷每年现金净流量

$$(P/A,\ i,\ 3)=12000\div4600=2.6087$$

查表与2.6087接近的现值系数，2.6243和2.5771分别指向7%和8%，用插值法确定该项目内部收益率 $=7\%+\dfrac{2.6243-2.6087}{2.6243-2.5771}\times(8\%-7\%)=7.33\%$。

8.【正确答案】B

【答案解析】净现值率是净现值与投资现值之比，净现值为正数，则净现值率大于0。

9.【正确答案】A

【答案解析】不符合简化计算法的特殊条件，按一般算法计算。包括建设期的静态投资回收期=7+50/55=7.909(年)。

10.【正确答案】D

【答案解析】本题的考点是各投资决策评价指标的特点。总投资收益率是以利润为基础计算的指标，不受现金流量的影响。

11.【正确答案】B

【答案解析】若主要指标结论可行，次要或辅助指标结论也可行，则完全具备财务可行性；若主要指标结论可行，而次要或辅助指标结论不可行，则基本具备财务可行性；若主要指标结论不可行，而次要或辅助指标结论可行，则基本不具备财务可行性；若主要指标结论不可行，次要或辅助指标结论也不可行，则完全不具备财务可行性。该方案净现值大于0，所以按主要指标看是可行的，但其静态投资回收期大于项目计算期的一半，按静态投资回收期看其不可行，属于主要指标可行，次要指标不可行的情况，所以基本具备财务可行性。

12.【正确答案】C

【答案解析】本题的考点是净现金流量的确定。该投资项目第10年的净现金流量=经营现金净流量+回收额=25+8=33(万元)。

13.【正确答案】B

【答案解析】总投资收益率是指达产期正常年份的年息税前利润或运营期年均息税前利润与项目总投资的百分比，所以不受建设期长短影响。此外它不考虑时间价值，所以不受投资回收时间先后的影响。

14.【正确答案】B

【答案解析】静态投资回收期的缺点是没有考虑资金时间价值因素和回收期满后继续发生的现金流量，不能正确反映投资方式不同对项目的影响。

15.【正确答案】B

【答案解析】若设定折现率为 $i$ 时，NPV>0，由于内部收益率为净现值等于零的折现率，则说明要想使得净现值由大于零向等于零靠近，即净现值变小，只有进一步提高折现率，此时内部收益率大于测试比率。

16.【正确答案】D

【答案解析】选项A、B适用于原始投资相同且项目计算期相等的多方案比较决策，选项C适用于两个原始投资不相同，但项目计算期相同的多方案比较决策。年等额净回收额法、方案重复法、最短计算期法适用于原始投资不相同、特别是项目计算期不同的多方案比较决策。

17.【正确答案】A

【答案解析】国产设备购置费的估算公式如下：

设备购置费用=设备含税购买成本×(1+运杂费率)

=(500+85)×(1+2%)

=596.7(万元)

18.【正确答案】C

【答案解析】利用插补法

内部收益率=16%+(18%-16%)×[338/(338+22)]=17.88%

19.【正确答案】C

【答案解析】静态投资回收期=投资额/NCF=2.5(年)

NCF(*P/A*, IRR, 8)-投资额=0

(*P/A*, IRR, 8)=投资额/NCF=2.5

20.【正确答案】A

【答案解析】静态投资回收期法的弊端是没考虑时间价值因素，同时没有考虑回收期满后的现金流量。

## 练习5-2：多选题

1.【正确答案】ABD

【答案解析】投资项目评价指标分类：按照是否考虑资金时间价值，可分为静态评价指标和动态评价指标；按指标性质不同，可分为正指标和反指标两大类；按指标在决策中的重要性，可分为主要指标、次要指标和辅助指标。净现值指标属于动态评价指标、正指标和主要指标。

2.【正确答案】ABC

【答案解析】考虑投资的风险性属于净现值法的优点。

3.【正确答案】ABC

【答案解析】不能从动态上反映项目的实际收益率属于净现值指标的缺点。

4.【正确答案】ACD

【答案解析】总投资收益率的分母是项目总投资，含资本化利息。

5.【正确答案】ACD

【答案解析】内部收益率不受折现率高低的影响。

6.【正确答案】AB

【答案解析】选项A应该是拟投资项目所在行业(而不是单个投资项目)的权益资本必要收益率；选项B应该是拟投资项目所在行业(而不是单个投资项目)的加权平均资金成本。

7.【正确答案】AB

【答案解析】净现值指标的优点是综合考虑了资金时间价值、项目计算期内的全部净现金流量和投资风险。缺点是无法直接反映投资项目的实际收益率水平。此外由于净现值为绝对数指标，所以A也是正确选项。

8.【正确答案】ABCD

【答案解析】净现值率指标与净现值指标的优点大部分相似，只是净现值率指标是相对数指标，可从动态上反映项目投资的资金投入与净产出之间的关系。

9.【正确答案】CD

【答案解析】流动资金投资和建设投资通常属于完整工业投资项目建设期的现金流出量。

10.【正确答案】AC

【答案解析】项目的原始总投资包括建设期内的固定资产投资、无形资产投资、开办费投资和流动资金投资，该项目建设期内的全部原始投资 $=210+15+20=245$（万元）；项目的建设期为2年，运营期为5年，计算期为7年。终结点的回收额包括固定资产残值回收和垫付流动资金回收，本题的资料无法得知终结点的回收额为12万元。

11.【正确答案】ABD

【答案解析】建设项目现金流入量包括的主要内容有：营业收入、补贴收入、回收固定资产余值和回收流动资金等产出类财务可行性要素。

12.【正确答案】BD

【答案解析】由于原始投资不同，所以不能用净现值法；由于项目计算期不同所以不能用差额内部收益率法。

13.【正确答案】BC

【答案解析】非专利技术的估算可根据非专利技术的取得方式分别对待：若从外部一次性购入，可按取得成本估算；若作为投资转入，可按市价法或收益法进行估算。

14.【正确答案】ABC

【答案解析】按照投资的内容不同，分为固定资产投资、无形资产投资、流动资金投资、房地产投资、有价证券投资、期货与期权投资、信托投资和保险投资等多种形式。

15.【正确答案】ACD

【答案解析】单纯固定资产投资项目的现金流出量包括固定资产投资、新增经营成本、增加的各项税款。但不包括流动资金投资。

16.【正确答案】AC

【答案解析】与项目相关的经营成本等于总营运成本费用扣除固定资产折旧额、无形资产摊销额等项目后的差额。开办费不需要摊销，直接计入运营期第1年损益。计入财务费用中的利息费用属于筹资活动领域的费用，不包括在营业成本费用中。

17.【正确答案】AB

【答案解析】直接投资是指不借助金融工具，由投资人直接将资金转移交付给被投资对象使用的投资，包括企业内部直接投资和对外直接投资，前者形成企业内部直接用于生产经营的各项资产，如各种货币资金、实物资产、无形资产等，后者形成企业持有的各种股权性资产，如持有子公司或联营公司股份等。间接投资是指通过购买被投资对象发行的金融工具而将资金间接转移交付给被投资对象使用的投资，如企业购买特定投资对象发行的股票、债券、基金等。

18.【正确答案】ACD

【答案解析】项目投资发生频率低。

19.【正确答案】AC

【答案解析】静态投资回收期可以直接利用项目的净现金流量信息来计算，总投资收益率无法直接利用项目的净现金流量信息来计算；静态投资回收期可以反映原始投资的返本期限。

20.【正确答案】BC

【答案解析】内部收益率指标的计算与项目事先给定的折现率无关。静态投资回收期指标属于静态评价指标，与项目事先给定的折现率无关。

## 练习 5-3：判断题

1.【正确答案】错

【答案解析】按我国《企业会计准则》规定，用于企业自行开发建造厂房建筑物的土地使用权，不得列作固定资产价值。

2.【正确答案】错

【答案解析】从投产日到终结点之间的时间间隔称为运营期，又包括试产期和达产期两个阶段。

3.【正确答案】错

【答案解析】净现值率的缺点是无法直接反映投资项目的实际收益率，内部收益率可以直接反映项目的实际收益率。

4.【正确答案】错

【答案解析】在原始投资额相同的互斥方案比较决策中，采用净现值率法会与净现值法得到完全相同的结论；但原始投资额不相同时，情况就可能不同。

5.【正确答案】对

【答案解析】本题的考点是直接投资与间接投资的实质区别。

6.【正确答案】错

【答案解析】包括建设期的静态投资回收期恰好等于累计净现金流量为零时的年限。

7.【正确答案】错

【答案解析】预付账款需用额 $=\dfrac{\text{外购商品或服务年费用金额}}{\text{预付账款的最多周转次数}}$

8.【正确答案】错

【答案解析】本题的主要考核点是净现值法和年等额净回收额法在使用上的区别。本题的首要障碍是要根据“更新”决策判断该决策是“互斥”投资项目；其次是要知道净现值法适用于原始投资相同且项目计算期相同的多个互斥方案的比较决策；年等额净回收额法适用于原始投资不相同，特别是项目计算期不相同的多个互斥方案的比较决策；

所以，该题应以年等额净回收额法进行决策。

9.【正确答案】对

【答案解析】在对同一个独立投资项目进行评价时，静态投资回收期或总投资收益率等不考虑资金时间价值的评价指标得出的结论与净现值等考虑资金时间价值的评价指标的评价结论有可能发生矛盾；而利用净现值、净现值率和内部收益率指标等考虑资金时间价值的评价指标对同一个独立项目进行评价，会得出完全相同的结论。

10.【正确答案】错

【答案解析】利用差额投资内部收益率法和年等额净回收额法进行原始投资不相同的多个互斥方案决策分析，如果项目计算期也相等，则会得出相同的决策结论。注意：差额投资内部收益率法不能用于项目计算期不相等的多个互斥方案决策分析。

11.【正确答案】对

【答案解析】本题考查的是形成无形资产费用的估算。

12.【正确答案】错

【答案解析】形成其他资产的费用是指建设投资中除形成固定资产和无形资产的费用以外的部分，包括生产准备费和开办费两项内容。开办费是指在企业筹建期发生的、不能计入固定资产和无形资产、也不属于生产准备费的各项费用。

13.【正确答案】错

【答案解析】财务可行性评价，是指在已完成相关环境与市场分析、技术与生产分析的前提下，围绕已具备技术可行性的建设项目而开展的。

14.【正确答案】错

【答案解析】形成无形资产的费用是指项目直接用于取得专利权、商标权、非专利技术、土地使用权和特许权等无形资产而应当发生的投资。虽然商誉和著作权也属于无形资产的范畴，但新建项目通常不涉及这些内容，故在进行可行性研究时对其不予考虑。

15.【正确答案】错

【答案解析】折现率不应当也不可能根据单个投资项目的资金成本计算出来。因为在财务可行性评价时，筹资的目的是为了投资项目筹措资金，投资决策与筹资决策在时间顺序上不能颠倒位置。即使已经持有投资所需资金的项目，也不能用筹资形成的资本成本作为折现率，因为由筹资所形成的资本成本中只包括了资金供给者（原始投资者）所考虑的向筹资者进行投资的风险，并没有考虑资金使用者（企业）利用这些资金进行直接项目投资所面临的风险因素。

16.【正确答案】对

【答案解析】利用动态指标对同一个投资项目进行评价和决策，会得出完全相同的结论。在对同一个投资项目进行财务可行性评价时，净现值、净现值率和内部收益率指标的评价结论是一致的。

17.【正确答案】对

【答案解析】本题的考点是流动资金回收的估算。

18.【正确答案】对

【答案解析】所得税前净现金流量是全面反映投资项目本身财务获利能力的基础数据，计算时不包括调整所得税因素；所得税后净现金流量，将所得税视为现金流出，可用于评价在考虑所得税因素时项目投资对企业价值所作的贡献。

19.【正确答案】错

【答案解析】只有当总投资收益率大于等于基准投资收益率(事先给定)时，方案才可行。

20.【正确答案】对

【答案解析】内部收益率的计算本身与项目的设定折现率的高低无关。

## 练习5-4：计算分析题

1.【正确答案】

(1)年折旧=(240000-30000)/5=42000(元)

第1~4年每年的经营现金净流量=(240000-128000-10000-42000)×(1-25%)+42000
=87000(元)

第5年的经营现金净流量=87000+200000+30000=317000(元)

净现值=-240000-200000+87000×($P/A$，10%，4)+317000×($P/F$，10%，5)
=-240000-200000+87000×3.170+317000×0.621
=-240000-200000+275790+196857=32647(元)

由于该项目的净现值大于零，故可行。

(2)当 $i$=14%时，净现值=-240000-200000+87000×($P/A$，14%，4)+317000×($P/F$，14%，5)
=-240000-200000+87000×2.914+317000×0.519
=-21959(元)

$$内部收益率=10\%+\frac{0-32647}{-21959-32647}\times(14\%-10\%)=12.39\%。$$

由于该项目的内部收益率12.39%大于要求的最低投资收益率10%，故可行。

2.【正确答案】

(1)投资总额=原始总投资+建设期资本化利息=130+20=150(万元)

(2)由于固定资产投资和开办费投资是在建设期均匀投入的，所以建设期净现金流量为：

NCF0=-(100+10)/2=-55(万元)

NCF1=-(100+10)/2=-55(万元)

NCF2=-20(万元)

项目计算期 n=2+10=12(年)

固定资产原值=100+20=120(万元)

生产经营期每年固定资产折旧=(120-10)/10=11(万元)

生产经营期前4年每年贷款利息=100×10%=10(万元)

经营期前5年每年开办费摊销额=10/5=2(万元)

投产后每年利润分别为10，15，20，…，55万元

终结点回收额=10+20=30(万元)

根据经营期净现金流量的公式：

经营期净现金流量=该年净利润+该年折旧+该年摊销额+该年利息费用+该年回收额

NCF3=10+11+10+2=33(万元)

NCF4=15+11+10+2=38(万元)

NCF5=20+11+10+2=43(万元)

NCF6=25+11+10+2=48(万元)

NCF7=30+11+2=43(万元)

NCF8=35+11=46(万元)

NCF9=40+11=51(万元)

NCF10=45+11=56(万元)

NCF11=50+11=61(万元)

NCF12=55+11+30=96(万元)

(3)项目的原始总投资=130万元，在项目计算期第5年的累计净现金流量=-16(万元)，项目计算期第6年的累计净现金流量=32(万元)，所以包括建设期的静态投资回收期=5+16/48=5.33(年)。

3.【正确答案】

(1)第0年净现金流量($NCF_0$)=-450(万元)

第1~2年净现金流量($NCF_{1\sim2}$)=0(万元)

第3~6年净现金流量($NCF_{3\sim6}$)=100×(1-25%)+(450-50)/5=155(万元)

第7年净现金流量(NCF7)=155+50=205(万元)

(2)不包括建设期的静态投资回收期=450/155=2.9(年)

包括建设期的静态投资回收期=2+2.9=4.9(年)

(3)总投资收益率=100/450=22.22%

(4)净现值(NPV)$=-450+155\times[(P/A,10\%,7)-(P/A,10\%,2)]+50\times(P/F,10\%,7)$

$=-450+155\times(4.8684-1.7355)+50\times0.5132$

$=-450+485.6+25.66$

$=61.26$(万元)

(5)净现值率=61.26/450=13.61%

(6)评价：由于该项目净现值NPV>0，包括建设期的静态投资回收期大于项目计算期的一半，不包括建设期的静态投资回收期大于运营期的一半，总投资收益率高于基准利润率，所以该投资方案基本具备财务可行性。

4.【正确答案】

(1)如果投资总额不受限制，应是按照净现值排序，所以最佳投资组合应是C+D+B+A。

(2)在资金总额受限制时，需要按照净现值率或获利指数的大小，结合净现值进行各种组合排队，在保证充分利用资金的前提下，净现值之和最大的为最优组合。

本题中按照净现值率的大小排序为：A、B、D、C，但是需要注意 A 与 D 是互斥方案不能同时出现在同一个投资组合中，故所有可能出现的组合为 A+B、A+C、B+D、B+C、D+C，投资组合的净现值之和分别为 146500、178000、159500、190500、191000，所以最佳组合为 D+C。

5.【正确答案】

(1)计算税后现金流量

| 时间 | 0 | 1 | 2 | 3 | 4 |
|---|---|---|---|---|---|
| 税前现金流量 | (6000) | 2000 | 3000 | 4500 | 600 |
| 折旧增加 | | 1800 | 1800 | 1800 | |
| 利润增加 | | 200 | 1200 | 2700 | |
| 税后利润增加 | | 120 | 720 | 1620 | |
| 税后现金流量 | (6000) | 1920 | 2520 | 3420 | 600 |

(2)净现值＝1920×0. 909+2520×0. 825+3420×0. 751-6000＝845. 82>0

(3)回收期＝2+(6000-1920-2520)/(3420+600)＝2. 39 年

(4)由于净现值大于零，应该接受该方案。

# 学习情境六　营运资金管理

## 练习 6-1：单选题

1. D　2. B　3. C　4. C　5. D　6. A　7. A　8. A　9. A
10. B　11. C　12. B　13. D　14. A　15. A　16. A　17. B　18. D
19. B　20. C

## 练习 6-2：多选题

1. CD　2. ABCD　3. BCD　4. ABC　5. AB　6. AD
7. ABC　8. ABCD　9. ABCD　10. ABCD　11. BCD　12. ABCD
13. BCD　14. ABC　15. BC　16. ABCD　17. ABC　18. ABC
19. ABD　20. AD

## 练习 6-3：判断题

1. × 2. × 3. × 4. × 5. ✓ 6. × 7. ✓ 8. ×
9. × 10. × 11. × 12. × 13. ✓ 14. × 15. × 16. ×
17. × 18. × 19. × 20. ×

## 练习 6-4：业务题

业务题 1

(1)最佳现金持有量＝(2×150000×600/5％)1/2＝60000(元)

(2)最低现金管理相关总成本＝(2×150000×600×5％)1/2＝3000(元)

全年现金转换成本＝(150000/60000)×600＝1500(元)

全年现金持有机会成本＝(60000/2)×5％＝1500(元)

(3)最佳现金持有量下的全年有价证券最佳交易次数＝150000/60000＝2.5(次)

有价证券交易间隔期＝360/2.5＝144(天)

业务题 2

| 项目 | 现行收账政策 | 方案甲 | 方案乙 |
|---|---|---|---|
| 年销售额 | 2400 | 2600 | 2700 |
| 毛利(信用成本前收益) | 480 | 520 | 540 |
| 平均应收账款 | 400 | 650 | 900 |
| 应收账款投资应计利息 | 400×0.8×10％＝32 | 650×0.8×10％＝52 | 900×0.8×10％＝72 |
| 坏账费用 | 2400×2％＝48 | 2600×2.5％＝65 | 2700×3％＝81 |
| 收账费用 | 40 | 20 | 10 |
| 信用成本后收益 | 360 | 383 | 377 |

因此，应采纳甲方案。

业务题 3

每次进货 300 千克时的存货相关总成本为：

存货相关总成本＝3600×8＋3600/300×25＋300/2×2＝28800＋300＋300＝29400(元)

每次进货 900 千克时的存货相关总成本为：

存货相关总成本＝3600×8×(1－3％)＋3600/900×25＋900/2×2

＝27936＋100＋900＝28936(元)

每次进货 1800 千克时的存货相关总成本为：

存货相关总成本＝3600×8×(1－5％)＋3600/1800×25＋1800/2×2

=27360+50+1800=29210(元)

通过比较可以看出，每次进货为900千克时的存货相关总成本最低，所以最佳经济进货批量为900千克。

业务题4

(1)预期资金变动额

原先每日销售=1000000/360=2777.78(元)

原先应收账款资金占用=2777.78×30×0.8

=66666.72(元)

新的每日销货=1100000/360=3055.56(元)

新的应收账款资金占用=3055.56×45×0.8=110000.16(元)

增加应收账款资金占用=110000.16-66666.72

=43333.44(元)

存货周转率=360/90=4(次)

原先存货资金占用

=100000×10×0.8/4

=200000(元)

新的存货资金占用

=110000×10×0.8/4

=220000(元)

增加的存货资金占用=20000(元)

改变信用政策预期总营运资金变动额

=43333.44+20000=63333.44(元)

(2)预期利润变动额

收益增加额=10万×(1-0.8)=20000(元)

坏账增加额=10万×4%=4000(元)

利息增加额=63333.44×16%=10133.35(元)

利润变动额=20000-4000-10133.35

=5866.65(元)

业务题5

(1)计算没有数量折扣时的经济订购批量

$$Q^* = \sqrt{(2\times12500\times1296)\div(5+70\times25\%)} = 1200(件)$$

于是，该公司的最优经济订购量应是1200件，或是2000件、5000件、10000件。

(2)①计算1200件时的成本总额(69元为该水平的折扣净额)

储存成本=(1200÷2)×(5+69×25%)=13350(元)

订购成本=(12500÷1200)×1296=13500(元)

放弃折扣=12500×(2-1)=12500(元)

成本总额=13350+13500+12500=39350(元)

②计算2000件时的成本总额(68.5元为该水平的折扣净额)

储存成本＝(2000÷2)×(5+68.5×25%)＝22125(元)

订购成本＝(12500÷2000)×1296＝8100(元)

放弃折扣＝12500×(2−1.5)＝6250(元)

成本总额＝22125+8100+6250＝36476(元)

③计算 5000 件时的成本总额(68.2 元为该水平的折扣净额)

储存成本＝(5000÷2)×(5+68.2×25%)＝55125(元)

订购成本＝(12500÷5000)×1296＝3240(元)

放弃折扣＝12500×(2−1.8)＝2500(元)

成本总额＝55125+3240+2500＝60865(元)

④计算 10000 件时的成本总额(68 元为该水平的折扣净额)

储存成本＝(10000÷2)×(5+68×25%)＝110000(元)

订购成本＝(12500÷10000)×1296＝1620(元)

放弃折扣＝0(元)

成本总额＝110000+1620＝111620(元)

从上述计算可知，最优订购量就是成本总额最低的那一项，即 2000 件。

# 学习情境七　对外投资管理

## 练习 7-1：单选题

1. B　2. D　3. D　4. A　5. A　6. C　7. B　8. C　9. A
10. D　11. A　12. B　13. C　14. C　15. D　16. D　17. D　18. B
19. D　20. A

## 练习 7-2：多选题

1. ABCD　2. ABC　3. ABCD　4. ABC　5. ABCD　6. AB
7. ABCE　8. ABC　9. BC　10. ACDE　11. ABC　12. ABCDE
13. BE　14. ABD　15. BCE　16. BD　17. ACE　18. AC
19. BCD　20. BCE

## 练习 7-3：判断题

1. ×　2. ✓　3. ×　4. ×　5. ✓　6. ✓　7. ×　8. ✓
9. ×　10. ×　11. ×　12. ×　13. ×　14. ✓　15. ✓　16. ×
17. ×　18. ✓　19. ×　20. ✓

## 练习 7-4：业务题

业务题 1

内在价值=5(1+5%)/(10%-5%)= 105 元

业务题 2

(1)债券估价

$$P=(1000+1000\times10\%\times3)/1+8\%\times3=1031.98(\text{元})$$

由于其投资价值(1031.98 元)大于购买价格(1020 元)，故购买此债券合算。

(2)计算债券投资收益率

$$K=(1130-1020)/1020\times100\%=10.78\%$$

业务题 3

(1)到期收益率=(1000+1000×10%×4-1100)÷2.5/1100×100% =10.91%

(2)持有期间收益率=(1300-1100)÷1.5/1100×100% =12.12%

(3)实际收益率=[1000+1000×10%×4-960]÷4/960×100% =11.46%

业务题 4

(1)甲企业的最终实际收益率=[1000×(1+12%×5)-1050]÷5÷1050×100%
=10.48%

(2)乙企业的到期收益率=[1000×(1+12%×5)-1300]÷3÷1300×100% =7.69%

(3)丙企业的持有期间收益率=(1300-1170)÷2÷1170×100% =5.56%

业务题 5

(1)计算 A、B 公司股票的内在价值

A 公司股票价值=0.15×(1+6%)÷(8%-6%)=7.95

B 公司股票价值=0.6÷8% =7.5

(2)请代该企业做出股票投资决策

A 公司股票价格 9 元高于价值 7.95 元，不应投资。

B 公司股票价格 7 元低于价值 7.5 元，还有升值空间，应投资。

(3)假定该企业另有一笔资金准备再投资一只股票……

C 公司股票价值

=第 1 年股利现值+第 2 年股利现值+售价现值

=6×(1+6%)×PVIF(15%，1)+(6×(1+6%)×(1+6%)+30)×PVIF(15%，2)

= 6.36×0.870+36.7416×0.756

=33.31

D 公司股票价值

=5×(1+8%)×(*P/F*，15%，1)+(5×(1+8%)×(1+8%)+31)×(*P/F*，15%，2)

= 5.4×0.870+36.832×0.756

=32.54

C 公司股票价值大于 D 公司股票价值，且大于现行市价，所以应投资 C 公司股票。

业务题6

(1)债券的到期收益率=1000×(1+10%)÷1020−1=7.84%

(2)债券的到期收益率=1000×(1+10%×5)÷1380−1=8.7%

(3)债券的价格=1000×10%×PVIF12%，3+1000×PVIF12%，3

=100×2.402+1000×0.712=952.2(元)

当该债券价格等于或低于952.2元时，乙公司可以购买。

# 学习情境八　收益分配管理

## 练习8-1：单选题

1.【正确答案】：B

【答案解析】：企业的收益分配有广义和狭义两种。广义的收益分配是指对企业的收入和净利润进行分配，包括两个层次的内容：第一层次是对企业收入的分配；第二层次是对企业净利润的分配。狭义的收益分配则仅仅是指对企业净利润的分配。因此，选项B是正确的。

2.【正确答案】：D

【答案解析】：收益分配的基本原则包括：依法分配的原则；分配与积累并重原则；兼顾各方利益原则；投资与收益对等原则。其中投资与收益对等原则是正确处理投资者利益关系的关键。

3.【正确答案】：C

【答案解析】：在确定企业的收益分配政策时，应当考虑相关因素的影响，其中"法律因素"包括：资本保全约束、偿债能力约束、资本积累约束、超额累积利润约束。

4.【正确答案】：B

【答案解析】：在除息日，股票的所有权和领取股息的权利分离，股利权利不再从属于股票，所以在这一天购入公司股票的投资者不能享有已宣布发放的股利。

5.【正确答案】：B

【答案解析】：在四种股利政策中，具有稳定股价效应的是固定或稳定增长的股利政策和低正常股利加额外股利政策，但比较而言，固定或稳定增长股利政策的稳定股价效应更强一些。因为在低正常股利加额外股利政策下，股利的数额会随着年份间盈利的波动而波动，额外股利时有时无，容易给投资者以公司收益不稳定的感觉。而固定或稳定增长股利政策下，股利要么保持固定不变，要么稳定增长，不会出现波动。

6.【正确答案】A

【答案解析】固定或稳定增长股利政策、固定股利支付率政策、低正常股利加额外股利政策的理论依据是股利相关论，剩余股利政策的理论依据是股利无关论。

7.【正确答案】：C

【答案解析】：根据公司法的规定，公司持有的本公司股份不得分配利润，因此，选项 A 的说法不正确。当法定盈余公积金达到注册资本的 50% 时，可以不再提取，因此，选项 D 的说法不正确。股利分配程序：(1)弥补企业以前年度亏损；(2)提取法定盈余公积金；(3)提取任意盈余公积金；(4)向股东(投资者)分配股利(利润)；由此可知，选项 B 的说法不正确。剩余股利政策的含义是：公司生产经营所获得的净利润应收益首先应满足公司的资金需求，如果还有剩余，则派发股利；如果没有剩余，则不派发股利。在公司的初创阶段，公司经营风险高，有投资需求且融资能力差，所以，适用剩余股利政策；在公司的衰退阶段，公司业务锐减，获利能力和现金获得能力下降，因此，适用剩余股利政策。所以，选项 C 的说法正确。

8.【正确答案】：D

【答案解析】：低正常股利加额外股利政策下，当公司在较长时期持续发放额外股利后，可能会被股东误认为是“正常股利”，而一旦取消了这部分额外股利，传递出去的信号可能会使股东认为这是公司财务状况恶化的表现，进而可能会引起公司股价下跌的不良后果。所以，相对来说，对于那些盈利水平随着经济周期而波动较大的公司或行业，这种股利政策也许是一种不错的选择。

9【正确答案】：A

【答案解析】：法定盈余公积的提取比例为当年税后利润(弥补亏损后)的 10%，选项 B 不正确；根据(公司法)的规定，公司从税后利润中提取法定公积金后，经股东会或者股东大会决议，还可以从税后利润中提取任意盈余公积金，选项 C 不正确；有限责任公司股东按照实缴的出资比例分取红利，但全体股东约定不按照出资比例分取红利的除外；股份有限公司按照股东持有的股份比例分配，但股份有限公司章程规定不按持股比例分配的除外，选项 D 不正确。

10.【正确答案】：A

【答案解析】：股票回购包括公开市场回购、要约回购及协议回购三种方式，在公开市场回购中，回购价格等于公司股票当前市场价格；要约回购是指公司在特定期间向股东发出的以高出当前市价的某一价格回购既定数量股票的要约；协议回购则是指公司以协议价格直接向一个或几个主要股东回购股票。所以，BCD 都正确；公司不得随意收回本公司的股票，只有满足相关法律规定的情形才允许股票回购，所以 A 的说法不正确。

11.【正确答案】：D

【答案解析】：低正常股利加额外股利政策下，当公司在较长时期持续发放额外股利后，可能会被股东误认为是“正常股利”，而一旦取消了这部分额外股利，传递出去的信号可能会使股东认为这是公司财务状况恶化的表现，进而可能会引起公司股价下跌的不良后果。所以，相对来说，对于那些盈利水平随着经济周期而波动较大的公司或行业，这种股利政策也许是一种不错的选择。

12.【正确答案】：C

【答案解析】：固定股利支付率政策能保持股利与利润之间一定的比例关系，并体现风险投资与收益对等原则。

13.【正确答案】：A

【答案解析】：按照资本保全原则，不能用股本和资本公积发放股利，只能用当年利润或留存收益发放股利。

14.【正确答案】：A

【答案解析】：剩余股利政策有利于优化资本结构，降低综合资本成本，实现企业价值的长期最大化。

15.【正确答案】：B

【答案解析】：在固定股利政策下，公司在较长时期内都将分期支付固定的股利额，股利不随经营情况的变化而变动，除非公司预期未来收益将会有显著不可逆转的增长而提高股利发放额。采用这种政策的，大多数属于收益比较稳定或正处于成长期的公司。

16.【正确答案】：A

【答案解析】：股票回购方式包括：在市场上直接购买；向股东要约回购；与少数大股东协商购买。

17.【正确答案】：B

【答案解析】：股利支付率是当年发放的股利与当年净利润之比，或每股股利除以每股收益。

18.【正确答案】：C

【答案解析】：单纯支付现金股利不会影响普通股股数；增发普通股会增加普通股股数，但也会改变资本结构；股票回购会减少普通股股数。

19.【正确答案】：C

【答案解析】：法律因素包括资本保全约束，偿债能力约束，资本积累约束和超额累积利润约束。

20.【正确答案】：D

【答案解析】：负债股利是以负债方式支付的股利，通常以公司的应付票据支付给股东，有时也以发行公司债券的方式支付股利。

## 练习 8-2：多选题

1.【正确答案】：ABC

【答案解析】：收益与分配作为现代企业财务管理的重要内容之一，对于维护企业与各相关利益主体的财务关系、提升企业价值具有重要意义。具体而言，企业收益与分配管理的意义表现在以下三个方面：(1)收益分配集中体现了企业所有者、经营者与劳动者之间的关系；(2)收益分配是企业再生产的条件以及优化资本结构的重要措施；(3)收益分配是国家建设基金的重要来源之一。

2.【正确答案】ACD

【答案解析】收益分配的基本原则是依法分配原则、分配与积累并重原则、兼顾各方利益原则、投资与收益对等原则。所以，选项 B 不对。

3.【正确答案】A，D

【答案解析】公司选择发放现金股利除了要有足够的留存收益外，还要有足够的现金。

4.【正确答案】：ABC

【答案解析】：法定盈余公积金提取后，根据企业的需要，可用于弥补亏损或转增资本，但企业用盈余公积金转增资本后，法定盈余公积金的余额不得低于转增前公司注册资本的25%。提取法定盈余公积金的目的是为了增加企业内部积累，以利于企业扩大再生产。

5.【正确答案】：ACD

【答案解析】：固定股利支付率政策是指公司将每年净利润的某一固定百分比作为股利分派给股东。这种股利政策的优点：(1)使股利与公司盈余紧密结合，以体现多盈多分、少盈少分、无盈不分的原则；(2)公司每年按固定的比例从税后利润中支付现金股利，从企业支付能力角度看，这是一种稳定的股利政策。不足之处表现为：(1)传递的信息容易成为公司的不利因素；(2)容易使公司面临较大的财务压力；(3)合适的固定股利支付率的确定难度比较大。固定股利支付率政策比较适用于处于稳定发展阶段且财务状况也较稳定的公司。剩余股利政策有助于实现企业价值的长期最大化，所以B选项的说法错误。

6.【正确答案】：BD

【答案解析】：剩余股利政策的缺点中包括“不利于公司树立良好的形象”，所以选项A不正确；固定股利支付率的缺点中包括“传递的信息容易成为公司的不利因素”，所以选项D不正确。

7.【正确答案】：ABCD

【答案解析】：股利相关理论认为，企业的股利政策会影响到股票价格。主要观点包括“手中鸟”理论、信号传递理论、所得税差异理论和代理理论。

8.【正确答案】：BD

【答案解析】：影响利润分配的股东因素包括：控制权、稳定的收入、避税等方面；A选项属于影响利润分配的其他因素；C选项属于影响利润分配的公司因素。

9.【正确答案】：BC

【答案解析】：股票回购包括公开市场回购、要约回购及协议回购三种方式，在公开市场回购中，回购价格等于公司股票当前市场价格；在要约回购中，回购价格高于公司股票当前市场价格；在协议回购中，协议价格一般低于当前的股票市场价格。

10.【正确答案】：AD

【答案解析】：根据《公司法》规定，当年法定盈余公积金的累积额已达注册资本的50%时，可以不再提取，所以，弥补亏损后，当年的税后利润还有剩余时，可能出现不计提盈余公积金的情况，因此，选项A错误。用盈余公积金转增资本后，法定盈余公积金的余额不得低于转增前公司注册资本的25%，所以，选项D错误。

11.【正确答案】ACD

【答案解析】本题考核的是股利政策。固定或稳定增长的股利政策通常适用于经营比较稳定或正处于成长期的企业，但很难被长期采用，所以选项 A、D 是答案；剩余股利政策不利于投资者安排收入与支出，也不利于公司树立良好的形象，一般适用于公司初创阶段，所以选项 B 不是答案；固定股利支付率政策比较适用于那些处于稳定发展阶段且财务状况也较稳定的公司，所以选项 C 是答案。

12.【正确答案】ABD

【答案解析】经营风险是企业在经营活动中面临的风险，和股票回购无关。

13.【正确答案】ACD

【答案解析】发放股票股利是所有者权益内部的此增彼减，不会影响所有者权益总额.

14.【正确答案】AB

【答案解析】资本保全约束要求企业发放的股利或投资分红不得来源于原始投资（或股本），而只能来源于企业的当期利润或留存收益。

15.【正确答案】ABCD

【答案解析】公司在制定利润分配政策时应考虑的因素有：法律因素，股东因素，公司因素和其他因素(债务合同限制，通货膨胀)。

16.【正确答案】ABCD

【答案解析】股东出于对自身利益的考虑，在确定股利分配政策时应考虑的因素有：控制权考虑，避税考虑，稳定收入考虑和规避风险考虑。

17.【正确答案】BCD

【答案解析】本题中选项 A 属于股东因素，并不属于公司因素。

18.【正确答案】AD

【答案解析】筹资能力强，投资机会不多，一般应支付较多的股利。

19.【正确答案】ABCD

【答案解析】股票分割会使公司股票每股市价降低，买卖该股票所必需的资金量减少，易于增加该股票在投资者之间的换手，并且可以使更多的资金实力有限的潜在股东变成持股的股东，因此股票分割可促进股票的流通和交易；股票分割有助于公司并购政策的实施，增加对被并购方的吸引力；股票分割带来的股票流通性和股东数量的增加，会在一定程度上加大对公司恶意收购的难度；在新股发行之前利用股票分割降低股票价格，可以促进新股的发行。

20.【正确答案】ABCD

【答案解析】(1)股票回购需大量资金，容易造成资金紧张，资产流动性降低，影响公司后续发展；(2)公司进行股票回购，无异于股东退股和公司资本的减少，在一定程度上削弱了对债权人利益的保障；(3)股票回购可能使公司的发起人股东更注重创业利润的兑现，而忽视公司长远的发展，损害公司的根本利益；(4)股票回购容易导致公司操纵股价。公司回购自己的股票，容易利用内幕消息进行炒作，或操纵财务信息，加剧公司行为的非规范化，使投资者受损失。

## 练习 8-3：判断题

1.【正确答案】：错

【答案解析】：根据《公司法》的规定，法定盈余公积的提取比例为当年税后利润(弥补亏损后)的 10%。

2.【正确答案】：对

【答案解析】：股利无关论认为，在一定的假设条件限定下，股利政策不会对公司的价值或股票的价格产生任何影响。该理论是建立在完全资本市场理论之上的，假定条件包括：(1)市场具有强式效率；(2)不存在任何公司或个人所得税；(3)不存在任何筹资费用；(4)公司的投资决策与股利决策彼此独立。

3.【正确答案】：错

【答案解析】：债权人可以在债务契约、租赁合同中加入关于借款公司股利政策的限制条款，来保证自己的利益不受侵害。

4.【正确答案】：错

【答案解析】：发放股票股利会因普通股股数的增加而引起每股利润的下降，每股市价有可能因此而下跌。注意不是使企业的利润下降。

5.【正确答案】：错

【答案解析】：采用固定或稳定增长股利政策，股利的支付与企业的盈利相脱节，即不论公司盈利多少，均要支付固定的或按固定比率增长的股利，这可能会导致企业资金紧缺，财务状况恶化，所以采用该政策企业的财务压力较大。

6.【正确答案】：对

【答案解析】：剩余股利政策下，留存收益优先保证再投资的需要，从而能保持理想的资本结构，使企业价值长期最大化。

7.【正确答案】：对

【答案解析】：股利支付程序中的时间顺序依次是：股利宣告日、股权登记日、除息日、股利发放日。在股权登记日之后取得股票的股东则无权享受已宣布的股利。在除息日购入公司股票的投资者不能享有已宣布发放的股利。

8.【正确答案】：错

【答案解析】：协议价格一般低于当前的股票市场价格，尤其是在卖方首先提出的情况下。

9.【正确答案】错

【答案解析】剩余收益指标弥补了投资报酬率指标会使局部利益与整体利益冲突的不足，但是由于其是一个绝对指标，故而难以在不同的规模的投资中心之间进行业绩比较。

10.【正确答案】错

【答案解析】股票分割会使发行在外的股票总数增加，但并没有改变公司的权益总额，没有改变公司的资本结构，公司的资产负债率不变。

11.【正确答案】对

12.【正确答案】对

【答案解析】盈余不稳定的公司对未来盈余的把握下，不敢贸然采取股利政策。

13.【正确答案】对

【答案解析】通货膨胀会带来货币购买力水平下降，资产重置资金来源不足，此时企业往往不得不考虑留用一定的利润，以弥补资金缺口。

14.【正确答案】对

【答案解析】留用利润属于权益资金，而且没有筹资费用。

15.【正确答案】对

【答案解析】“在手之鸟”理论认为留存收益再投资给投资者带来的收益具有较大的不确定性，并且投资的风险随着时间的推移进一步增大，因此投资者更喜欢现金股利，而不愿意将收益留存在公司内部去承担未来的投资风险。

16.【正确答案】错

【答案解析】由于普遍存在的税率的差异及纳税时间的差异，资本利得收入比股利收入更有助于实现收益最大化目标，企业应当采用低股利政策。

17.【正确答案】错

【答案解析】在公司衰退阶段，产品销售收入锐减，利润严重下降，股利支付能力弱，因此宜采用剩余股利政策。

18.【正确答案】对

【答案解析】在除息日，股票的所有权和领取股息的权利分离，股票股利不再从属股票。

19.【正确答案】错

【答案解析】固定股利支付率政策是公司确定一个股利占盈余的比率，长期按此比率支付股利的政策。因此，股利要受经营状况的影响，不利于公司股票价格的稳定。

20.【正确答案】错

【答案解析】执行剩余股利政策，股利发放额就会随投资机会和盈利水平的波动而波动，即使在盈利水平不变的情况下，股利也会与投资机会的多少呈反方向变动，而在投资机会不变的情况下，股利随着公司每年盈利的波动同方向波动。

## 练习 8-4：案例分析题

1.【正确答案】：

(1)2006 年度公司留存利润=1300-600=700(万元)

2007 年自有资金需要量=1000×80%=800(万元)

2007 年外部自有资金筹集数额=800-700=100(万元)

(2)2005 年股利支付率=600/1200=50%

2006 年公司留存利润=1300×(1-50%)=650(万元)

2007 年自有资金需要量=1000×80%=800(万元)

2007 年外部自有资金筹集数额 = 800-650 = 150（万元）

（3）2007 年自有资金需要量 = 1000×80% = 800（万元）

2006 年发放的现金股利 = 1300-800 = 500（万元）

2.【正确答案】：

（1）增加的普通股股数 = 100×10% = 10（万股）

增加的普通股股本 = 10×2 = 20（万元）

发放股利后的股本 = 200+20 = 220（万元）

发放股利后的资本公积 = 400（万元）

发放的现金股利 = 110×0.1 = 11（万元）

未分配利润减少额 = 10×2+11 = 31（万元）

发放股利后的未分配利润 = 200-31 = 169（万元）

发放股利后的股东权益合计 = 220+400+169 = 789（万元）

（2）股票分割后普通股股数变为 200 万股，每股面值 1 元，股本仍然为 200 万元；资本公积为 400 万元，未分配利润为 200 万元，股东权益总额为 800 万元。

3.【正确答案】：

（1）2011 年投资方案所需的权益资金数额 = 800×60% = 480（万元）

2011 年投资方案所需债务资金数额 = 800×40% = 320（万元）

（2）2010 年应分配的现金股利 = 600-480 = 120（万元）

（3）2010 年应分配的现金股利 = 2009 年分配的现金股利 = 500×30% = 150（万元）

可用于 2011 年投资的留存收益 = 600-150 = 450（万元）

2011 年需要对外筹集的资金额 = 800-450 = 350（万元）

（4）2010 年应分配的现金股利 = 600×30% = 180（万元）

可用于 2011 年投资的留存收益 = 600-180 = 420（万元）

2011 年需要对外筹集的资金额 = 800-420 = 380（万元）

4.【正确答案】：

（1）发放股票股利增加普通股股数 = 100×30% = 30（万股）

发放股票股利后普通股数 = 100+30 = 130（万股）

发放股票股利后普通股股本 = 130×10 = 1300（万元）

发放股票股利后资本公积 = 800（万元）

发放股票股利后盈余公积 = 300（万元）

发放股票股利后未分配利润 = 1800-30×10 = 1500（万元）

发放股票股利后股东权益总额 = 1300+800+300+1500 = 3900（万元）

发放股票股利后每股净资产 = 3900/130 = 30（元）

（2）股票分割后普通股股数 = 100×4 = 400（万股）

股票分割后每股面值 = 10/4 = 2.5（元）

股票分割后股东权益各项目数额不变

股东分割后股东权益总额 = 3900（万元）

股票分割后每股净资产 = 3900/400 = 9.75（元）

(3)2010 年净利润＝2×100＝200(万元)

股票回购后每股收益＝200/(100−20)＝2.5(元)

市盈率＝16/2＝8

股票回购后每股市价＝8×2.5＝20(元)

(4)发放股票股利增加普通股股数＝100×(2/10)＝20(万股)

发放股票股利后普通股股本＝(100+20)×10＝1200(万元)

发放股票股利后资本公积＝800+(16−10)×20＝920(万元)

发放股票股利后盈余公积＝300(万元)

发放股票股利后未分配利润＝1800−16×20＝1480(万元)

5.【正确答案】:

保留利润＝500×(1−10%)＝450(万元)

项目所需权益融资需要＝1200×(1−50%)＝600(万元)

外部权益融资＝600−450＝150(万元)

# 学习情境九 财务预算

## 练习 9-1:单选题

1. B 2. C 3. A 4. B 5. A 6. C 7. C 8. A 9. B
10. D 11. C 12. C 13. C 14. A 15. B 16. A 17. D 18. C
19. B 20. B

## 练习 9-2:多选题

1. CD 2. CD 3. BCD 4. AB 5. ABC 6. ABD
7. AB 8. BC 9. BCD 10. C 11. ABCD 12. C
13. CD 14. ABCD 15. ABC 16. ABCD 17. ABCD 18. ABCD
19. ABCD 20. ABC

## 练习 9-3:判断题

1. × 2. √ 3. × 4. √ 5. × 6. √ 7. × 8. ×
9. × 10. × 11. × 12. × 13. × 14. √ 15. √ 16. √
17. √ 18. √ 19. √ 20. ×

# 练习 9-4：业务题

业务题 1

**某公司 2010 年销售预算及预计现金收入表** 单位：元

| 项　目 | 季度 | | | | 全年 |
|---|---|---|---|---|---|
| | 第一季度 | 第二季度 | 第三季度 | 第四季度 | |
| 预计销售量(件) | 2000 | 2500 | 1800 | 2400 | 8700 |
| 单位售价 | 80 | 80 | 80 | 80 | 80 |
| 销售收入 | 160000 | 200000 | 144000 | 192000 | 696000 |
| 增值税销项税额 | 27200 | 34000 | 24480 | 32640 | 118320 |
| 含税销售收入 | 187200 | 234000 | 168480 | 224640 | 814320 |
| 起初应收账款 | 55000 | | | | 55000 |
| 第一季度经营现金收入 | 112320 | 74880 | | | 187200 |
| 第二季度经营现金收入 | | 140400 | 93600 | | 234000 |
| 第三季度经营现金收入 | | | 101088 | 67392 | 168480 |
| 第四季度经营现金收入 | | | | 134784 | 134784 |
| 经营现金收入合计 | 167320 | 215280 | 194688 | 202176 | 779464 |
| 应收账款期末余额 | | | | 89856 | |

第一季度回收前期应收货款是根据上期资产负债表的期末数填列。同时，由于本期销售收入有 40% 在下季收讫。因此，第四季度的销售额中有 89856 元(224640×40%)为应收账款的期末数，即 2010 年末应收账款余额为 89856 元。

业务题 2

**A 产品弹性利润预算表**

| 项目 | 行次 | 业务量 1 | 业务量 2 | 业务量 3 | 业务量 4 | 业务量 5 |
|---|---|---|---|---|---|---|
| 销售量(件) | 1 | 900 | 1300 | 1700 | 2100 | 2500 |
| 销售单价 | 2 | 100 | 100 | 100 | 100 | 100 |
| 单位变动成本 | 3 | 65 | 65 | 65 | 65 | 65 |
| 营业收入 | 4 | 90000 | 130000 | 170000 | 210000 | 250000 |
| 减：变动成本 | 5 | 58500 | 84500 | 110500 | 136500 | 162500 |
| 边际贡献 | 6 | 31500 | 45500 | 59500 | 73500 | 87500 |
| 减：固定成本 | 7 | 8000 | 8000 | 8000 | 8000 | 8000 |
| 息税前利润 | 8 | 23500 | 37500 | 51500 | 65500 | 79500 |

A产品弹性利润预算可以根据“息税前利润=(单价-单位变动成本)×预计销售量-固定成本”这一计算公式来编制。

业务题3

(1)间接人工费用预算工时分配率=(213048/48420)×(1+50%)=6.6(元/小时)

水电与维修费用预算工时分配率=174312/48420=3.6(元/小时)

(2)间接人工费用总预算额=48420×6.6=319572(元)

每季度设备租金预算额=38600×(1-20%)=30880(元)

(3)

**2012年第2季度—2013年第1季度制造费用预算** 单位：元

| 项目 | 2012年度 | | | 2013年度 | 合计 |
|---|---|---|---|---|---|
| | 第二季度 | 第三季度 | 第四季度 | 第一季度 | |
| 直接人工预算总工时(小时) | 12100 | (略) | (略) | 11720 | 48420 |
| 变动制造费用 | | | | | |
| 间接人工费用 | A79860 | (略) | (略) | B77352 | (略) |
| 水电与维修费用 | C43560 | (略) | (略) | D42192 | (略) |
| 小计 | (略) | (略) | (略) | (略) | 493884 |
| 固定制造费用 | | | | | |
| 设备租金 | E30880 | (略) | (略) | (略) | (略) |
| 管理人员工资 | F17400 | (略) | (略) | (略) | (略) |
| 小计 | (略) | (略) | (略) | (略) | (略) |
| 制造费用合计 | 171700 | (略) | (略) | (略) | 687004 |

A=12100×6.6=79860(元)　　B=11720×6.6=77352(元)

C=12100×3.6=43560(元)　　D=11720×3.6=42192(元)

E=30880(元)　　F=17400(元)

业务题4

**现金预算**

| 月份 | 4月 | 5月 | 6月 |
|---|---|---|---|
| 期初现金余额 | 7000 | 6200 | 6800 |
| 经营现金收入 | 40000×70%+<br>50000×30%=43000 | 50000×70%+<br>60000×30%=53000 | 60000×70%+<br>70000×30%=63000 |
| 租金收入 | 10000 | 10000 | 5000 |
| 直接材料采购支出 | 50000×60%×50%+<br>60000×60%×50%<br>=33000 | 60000×60%×50%+<br>70000×60%×50%<br>=39000 | 70000×60%×50%+<br>80000×60%×50%<br>=45000 |

续表

| 月　　份 | 4月 | 5月 | 6月 |
|---|---|---|---|
| 直接工资支出 | 2000 | 3500 | 2800 |
| 销售及管理费用支出 | 3000 | 3500 | 3200 |
| 其他付现费用 | 800 | 900 | 750 |
| 应交消费税额 | 50000×10%＝5000 | 60000×10%＝6000 | 70000×10%＝7000 |
| 预交所得税 | | | 8000 |
| 购置固定资产 | 15000 | 20000 | |
| 现金余缺 | 1200 | −200 | 8050 |
| 举借短期借款 | 5000 | 7000 | |
| 归还短期借款 | | | 1000 |
| 支付利息 | | | 720 |
| 购买有价证券 | | | |
| 期末现金余额 | 6200 | 6800 | 6330 |

4月现金余缺＝7000+43000+10000−33000−2000−3000−800−5000−15000＝1200(元)

举借短期借款＝6000−1200＝4800(元)

5月现金余缺＝6200+53000+10000−39000−3500−3500−900−6000−20000＝−200(元)

举借短期借款：7000(元)

6月现金余缺＝6800+63000+5000−45000−2800−3200−750−7000−8000＝8050(元)

短期借款利息＝5000×6%÷12×3+7000×6%÷12×2＝120(元)

长期借款利息＝20000×12%÷4＝600(元)

业务题5

**生产成本弹性预算表**

| 项目 | 行次 | 业务量1 | 业务量2 | 业务量3 | 业务量4 | 业务量5 |
|---|---|---|---|---|---|---|
| 生产量(件) | 1 | 18000 | 19000 | 20000 | 21000 | 22000 |
| 直接材料 | 2 | 3312000 | 3496000 | 3680000 | 3864000 | 4048000 |
| 直接人工 | 3 | 460800 | 486400 | 512000 | 537600 | 563200 |
| 变动制造费用 | 4 | 115200 | 121600 | 128000 | 134000 | 140800 |
| 小计 | 5 | 3888000 | 4104000 | 4320000 | 4536000 | 4752000 |
| 固定制造费用 | 6 | 186000 | 186000 | 186000 | 186000 | 186000 |
| 总成本 | 7 | 4074000 | 4290000 | 4506000 | 4722000 | 4938000 |

# 学习情境十　财务分析

## 练习 10-1：单选题

1. D　2. A　3. A　4. B　5. D　6. C　7. D　8. C　9. C
10. A　11. C　12. C　13. C　14. D　15. B　16. B　17. B　18. B
19. A　20. A

## 练习 10-2：多选题

1. ABCD　2. ABC　3. ABD　4. ABC　5. AB　6. ABCD
7. ABC　8. ABC　9. ACD　10. ABD　11. CD　12. BCD
13. ACD　14. AB　15. ABC　16. ABD　17. ABC　18. AD
19. ABCD　20. ABD

## 练习 10-3：判断题

1. ×　2. ×　3. ×　4. ×　5. ✓　6. ×　7. ×　8. ×
9. ×　10. ×　11. ×　12. ×　13. ✓　14. ✓　15. ✓　16. ✓
17. ✓　18. ✓　19. ×　20. ✓

## 练习 10-4：业务题

业务题 1

2011 年末：流动比率=64000/20000×100%=320%
速动比率=(22000+16000)/20000×100%=190%
资产负债率 44000/110000×100%=40%
产权比率 44000/66000×100%=66.67%
权益乘数=1/(1-40%)=1.67

2011 年初：流动比率=56000/18000×100%=311.11%
速动比率=(20000+12000)/18000×100%=177.78%
资产负债率=38000/100000×100%=38%
产权比率=38000/62000×100%=61.29%
权益乘数=1/(1-38%)=1.61

业务题 2

2011 年：营业利润=4122

利润总额=4169

所得税=1042.25

净利润=3126.75

销售毛利率=(28000-19600)/28000×100%=30%

销售净利率=3126.75/28000×100%=11.17%

总资产报酬率=3126.75/[(10000+110000)/2]×100%=2.98%

净资产收益率=3126.75/[(62000+66000)/2]×100%=4.89%

业务题 3

应收账款周转率=3000/[(150+250)/2]=15

应收账款周转天数=360/15=24

业务题 4

应收账款平均余额：

2010 年(470180+713760)/2=586970

2011 年(703760+61290)/2=652525

应收账款周转率：

2010 年 4792330/586970=8.16

2011 年 5091110/652525=7.8

存货平均余额：

2010 年(569500+781410)/2=675455

2011 年(781410+600130)/2=690770

存货周转率：

2010 年 4792330/675455=7.09

2011 年 5091110/690770=7.37

流动资产平均余额：

2010 年(3723320+3380450)/2=3551885

2011 年(3380450+1781050)/2=2580750

流动资产周转率：

2010 年 4792330/3551885=1.35

2011 年 5091110/2580750=1.97

固定资产平均余额：

2010 年(2162340+2002350)/2=2082345

2011 年(2002350+1872340)/2=1937345

固定资产周转率：

2010 年 4792330/2082345=2.30

2011 年 5091110/1937345=2.63

总资产平均余额：

2010 年(5923800+6813560)/2=6368680

2011 年(6813560+6191240)/2=6502400

总资产周转率:

2010 年 4792330/6368680=0.75

2011 年 5091110/6502400=0.78

总的来说，ABC 公司的资产运用状况具有良好发展的趋势。因为该公司的资产周转率除了应收账款周转率外有上升之势。更客观的分析结论还要结合同业的比较分析才能做出。

业务题 5

2009 年净资产收益率=12%×0.6×1.8=12.96%

# 主要参考文献

[1]陈宏桥、罗昌宏:《财务管理全程系统训练》，武汉：武汉大学出版社，2008.
[2]罗昌宏、陈宏桥:《财务管理教程》，武汉：武汉大学出版社，2008.
[3]袁建国:《财务管理教程》，北京：经济科学出版社，2008.
[4]袁建国:《财务管理习题集》，北京：经济科学出版社，2008.
[5]周军:《财务管理学习指导》，武汉：华中科技大学出版社，2005.
[6]马元兴:《财务管理——原理、实务、案例、实训》，沈阳：东北财经大学出版社，2012.
[7]徐颖:《财务管理学》，北京：中国财政经济出版社，2003.
[8]竺素娥:《财务管理学》，北京：立信会计出版社，2005.
[9]杨欣:《财务管理》，北京：中国财政经济出版社，2005.
[10]财政部会计资格评价中心:《财务管理》，北京：中国财政经济出版社，2006.
[11]闫华红:《中级财务管理》，北京：北京大学出版社，2008.
[12]吴宗奎:《财务管理》，北京：中国人民大学出版社，2009.
[13]刘海燕、田瑞、李上田:《财务管理实务》，武汉：武汉大学出版社，2011.

高等学校基于工作过程开发经管类系列教材

- **经济法概论**
- **西方经济学**
- **财务管理实务**
- **财务管理实务习题与实训**
- **会计电算化**
- **Excel在财务中的应用**
- 初级会计实务
- 会计基础与实务
- 成本会计实务
- 出纳实务
- 管理会计实务
- 审计基础与实务
- 电子商务基础
- 国际贸易实务

欢迎广大教师和读者就系列教材的内容、结构、设计以及使用情况等，提出您宝贵的意见、建议和要求，我们将继续提供优质的售后服务。

联系人：林 莉

电 话：13720314191

E-mail：whdxcbs@126.com

武汉大学出版社（全国优秀出版社）